ISSN 0913-9427

2021

学校教育研究

36

深い学びを  か〈2〉

日本学校教育学会 編

は じ め に

2020年度中には終息してほしいと誰もが願っていた新型コロナウイルス感染症（COVID-19）は，変異株の出現もあり，第3波，第4波とさらなる猛威をふるい続けています。未だに，学校の教育活動は大きな制約を受けていますが，その反面，オンライン方式の授業が取り入れられたり，特別活動の実施形態が見直されたりするなど，新たな教育活動の方法も徐々に開発されてきています。

今後は，ウィズコロナ，ポストコロナ期に入り，社会全体がニューノーマルといわれる日常に移行していく中で，学校教育の在り方も根本から見直すことが必要になってきました。本学会としても，学校が直面していくニューノーマルの中でこそ実現していかなければならない「深い学び」について，その理論と実践を提案することが重要な課題になっていると言えます。

今期学習指導要領の改訂を導いた中央教育審議会答申「幼稚園，小学校，中学校，高等学校及び特別支援学校の学習指導要領等の改善及び必要な方策等について」（2016.12.21）では，学びの「深まり」の鍵となるものとして，全ての教科等で整理されているのが，各教科等の特質に応じた「見方・考え方」であると述べられています。この点は，今期学習指導要領が目指す「深い学び」を考究する際の基本として，教育活動を組み立てる際に念頭におく必要があります。そのうえで，「深い学び」の本質や実現の条件をどう考えるべきかについて，上記答申の趣旨をも検討の対象としながら，考究していくことが重要であると考えられます。

そこで，第36号では前号の成果を踏まえつつ，さらに「深い学び」を実現するための条件を明らかにするため，「『深い学び』を実現するための実践—その評価・検証・方策を求めて—」を特集テーマとして設定し，理論及び実践的側面からアプローチしています。第36号は，「深い学び」をテーマとした2年目であり，特集論文では，「深い学び」に関する学習の実践，評価，検証を中心として，深い学びを実現するための条件を探り，今後向かうべき方向を提案しています。

第1部では，本特集テーマに関わり大きく5つの視点から論究していただきました。第2部は自由研究論文3編，第3部は実践的研究論文1編，第4部は実践研究ノート2編を掲載いたしました。いずれも厳正で慎重な審査を経て掲載いたしました。全体の論文投稿本数等につきましては，編集後記をご覧下さい。そして，第5部は昨年中止となった研究大会の代替措置として，昨年8月から9月にかけてオンライン方式で実施された自由研究ポスター発表の概要です。

　そして，研究余滴は茜谷佳世子会員，牛渡淳会員，和井田清司会員にご執筆いただきました。図書紹介につきましても5冊の紹介文をご執筆いただきました。ご寄稿いただきました各位に厚く御礼申し上げます。

　なお，第1部で扱う特集テーマにつきましては，基本的に第35号から第37号までの3年間にわたり，「深い学び」に関わる内容を探究していく方針です。3年間を通じたこの特集テーマは，理論と実践を架橋する本学会が射程に入れるべき課題としても重要な位置を占めるものであると考えられます。学校教育の研究および実践に携わる会員の皆様には，ぜひ，「深い学び」に関する理論および実践を追究し，本学会での口頭発表，論文投稿に繋げていただけますと幸いです。本学会の機関誌が，今後より一層充実したものとなりますよう，引き続き機関誌編集委員会の活動に対しましても，多くのご支援を賜りますようお願い申し上げます。

　最後に，機関誌編集委員会では，新型コロナウイルス感染症の影響を受けつつも，例年と同様の発刊を目指して鋭意努力してまいりましたが，様々な困難により例年より約2か月遅れの発刊を余儀なくされることとなりました。こうした中で，原稿執筆者をはじめ関係各位のご協力のお陰で，機関誌『学校教育研究』第36号を刊行できましたこと，論文投稿者の皆様および関係各位のご協力に心より御礼申し上げます。

　2021年9月　　　　　　　　　　　　　　**機関誌編集委員会**

『学校教育研究』第36号　2021／10　目次

第1部 〈特集〉

深い学びをどう実現するか〈2〉
『深い学び』を実現するための実践
──その評価・検証・方策を求めて

深い学びを実現するために授業実践をどのように評価するか
─LTD話し合い学習法に着想を得た理科授業の実践より─

新潟県公立小学校教諭 **大越　啄櫻**

1．はじめに

　本稿の目的は，「深い学び」を具現化するための1つの方法としてLTD話し合い学習法を援用した小学校の理科「B生命・地球」における「生物と環境（6年）」の授業実践について報告するとともに，LTD記録用紙と質問紙調査，単元末テスト結果，児童のノートのテキスト分析を基に，学習効果及び「深い学び」の評価方法について検討することである。本稿で援用しているLTD話し合い学習法の特徴を簡潔に述べると，予習（個人思考）を必須とし，予習（個人思考）を基にして話し合い学習（集団思考）が行われる点である。この点について，「2．先行研究の検討」で詳しく述べてゆく。

　令和元年度より小学校から本格施行された新学習指導要領では，「主体的・対話的で深い学び」の実現に向けて授業改善することが求められている（文部科学省 2017，94頁）。「学び」の本質として重要となる「主体的・対話的で深い学び」の実現を目指す授業改善として，特に，深い学びの視点に関わる内容について，次のように示されている。

> 　習得・活用・探究という学びの過程の中で，各教科等の特質に応じた「見方・考え方」を働かせながら，知識を相互に関連付けてより深く理解したり，情報を精査して考えを形成したり，問題を見出して解決策を考えたり，思いや考えを基に創造したりすることに向かう「深い学び」が実現できているか。（中央教育審議会答申 2016，49−50頁）

　視点が示されたとしても，教師が創意工夫を凝らす余地が多分に残されて

いる。なぜなら，具体的な教科のレベルで考えた時に，どのような授業における子どもたちのどのような姿が上掲した「深い学び」の説明にある「各教科等の特質に応じた『見方・考え方』を働かせながら，知識を相互に関連付けてより深く理解したり，情報を精査して考えを形成したり，問題を見出して解決策を考えたり，思いや考えを基に創造したりすることに向かう」（中央教育審議会答申 2016，49-50頁）姿と結びつくか，積み重ねられてきた理論や実践，それぞれの経験を基に授業者が子どもの実態に合わせて，追究し，子どもと共に作り上げていく必要があるからである。

「深い学び」を実現するために，三村（2020）は，「深い学びとは，カリキュラム改善により各教科等を関連付け，見方・考え方を働かせ児童生徒の将来につながる学びを創造すること」（前掲論文，11頁）と仮説的に捉え，現在米国カリフォルニア州の高校を中心に拡大しつつある学習アプローチであるLinked Learning（以下LL）を検討することを通して，三村（2020）による「深い学び」の仮説的な捉えの可能性を提示する。三村（2020）も述べているように，米国の高校での実践であるLLの教育実践をそのまま我が国にスライドさせることは容易ではないかもしれないが，挑戦する価値はあると考える。

また，子どもを中心に据えることで，「深い学び」の評価のものさしも見えてくると，黒羽（2020）は，公立小学校の「深い学び」に関する事例研究を基に次のように述べる。「深い学びは，教師の授業行為の良し悪しで判断するものではなく，『子どもの考えがどのような深さの状態にあるか』という点に着目すべきである。そのため，『授業がどのくらいの深さにあるか』をみるものさしが必要となる。それは学習の結果ではなく，今展開されている授業の主体が誰にあるかである」（前掲論文，63頁），「子どもが探究の主体者になっているか否かが，授業の深さを測るものさしとみるべきである」（前掲論文，63頁）とする。

さらに，黒羽（2020）は，事例研究を基に，「新たな自己概念」を掘り起こし，「自身の内なる世界を広げたり，深めたりする学びが展開されるとき，その「深い学び」は，「子どもたちの『内なる声を聴く』という教師の指導

態度に貫かれ，単なる妥協やあまやかしではなく，もっと深い意味での子どもとのかかわり合い―生き方と生き方のぶつかり合い―」（前掲論文，64頁）であったと分析している。このことを，黒羽の別な言葉で説明するならば，「教師が対話的人間になろうと努め」（前掲論文，64頁），「教師が心を開き，他者（子ども）が語ることによく耳を傾けて，聞く人間」（前掲論文，65頁）といった態度を教師が見本となり示すことで学級・学校に学びを支える文化を作り出していくことも肝要と言えよう。黒羽（2020）の指摘は，「深い学び」を考える時に，教師の態度として，学級の文化として欠いてはならない要素と考えられる。

　ここまでの論を基にすると「深い学びを実現する」授業となっているかどうかを見極めるための着眼点は次の4点となる。

①「深い学び」のために，子ども中心の授業づくり，カリキュラム・デザインを行うこと。
②子ども中心とは，子どもの生きる社会や生活，将来と結びつくものであること。
③「深い学び」を測るものさしとして，子どもに「新たな自己概念」を掘り起こし，「自身の内なる世界を広げたり，深めたりするような学びが展開されている」ようにすること。
④「深い学び」の環境として，教師は子どもの存在を認め，よく見，よく聞くことで，集団に互いに存在を認め合える風土を育てていくこと。

　「深い学びを実現する」ために浮かび上がってきた着眼点を確認したときに，「具体的には，どうすればよいか」という疑問がさらに湧き出てくる。その解決策の一手法として，小西（2020）はLTD話し合い学習法を紹介している。本稿では，「深い学び」を実現する方法として，ここまで検討してきた4つの着眼点とLTD話し合い学習法に着目して実践を行う。その上で，着眼点を基に「深い学び」を実現するために授業をどのように改善したらよいか，指導改善のための評価を行う。

２．先行研究の検討

⑴ 「深い学び」を実現するためにLTD話し合い学習法が適切な内容は何か

　理科では，「理科の見方・考え方」を働かせながら問題解決の過程を通して学ぶことにより，理科で目指す資質・能力を獲得できるように，理論的研究や実践的研究など様々に蓄積されてきている。特に，「A物質・エネルギー」に関わる内容については，学習論を基にした授業づくりや新学習指導要領に照らした学習論の見直しも行われるなど，多くの理論的・実践的蓄積がなされている。

　一方で，「B生命・地球」領域の「生物と環境（６年)」の内容の学習については，領域の性質上，観察や実験が少なく，問題解決の過程を中心として学ぶことが難しいため，十分な理論的・実践的な蓄積がなされてきたとは言い難い。そのため，新学習指導要領では，「児童が，生物と水，空気及び食べ物との関わりに着目して，それらを多面的に調べる活動を通して，生物と持続可能な環境との関わりについて理解を図り，観察，実験などに関する技能を身に付けるとともに，主により妥当な考えをつくりだす力や生命を尊重する態度，主体的に問題解決しようとする態度を育成することがねらい」（文部科学省 2017，88頁，アンダーラインは筆者）とされている。

　この新学習指導要領で示されている方向を具現化する方法としては，杉江（2011）が整理しているようなバズ学習やジグソー法などの協同学習法が考えられる。中でも小西（2020）が着目したLTD話し合い学習法は，先に取り上げた文のアンダーラインをひいた部分の態度を育成するのに適していると考えられる。それは，LTD話し合い学習法に性質上，多面的に調べる活動や，妥当な考えをつくり出す活動が設定されているからである。詳しくは，次項で検討を進めていく。

⑵ LTD話し合い学習法に着想を得た理科授業「生物と環境（６年)」の実際

　LTD話し合い学習法は，アメリカ・アイダホ大学の社会心理学者のヒルにより考案され，レイボウらにより改定された協同学習の一手法である。LTDはLearning Through Discussionの略であり，他の話し合い学習法と区

別するために，LTDがつけられている（安永 2006）。　LTD話し合い学習法の目的は，「小グループによる話し合いを中心とした学習法であり，対等な話し合いを通して参加者一人ひとりの学習と理解を深めること」（安永 2006，13頁）と考えられている。LTD話し合い学習法を日本の大学教育に導入した安永（2006）によって紹介されたあと，LTD話し合い学習法は河崎・梅澤（2018）らをはじめ，大学での実践研究が積み重ねられている。

表1　LTD話し合い学習法の学習過程（左：予習，右：話し合い学習）

段階	ステップ	予習内容	討論内容	時間
理解	1 課題を読む	全体像の把握	雰囲気づくり	3分
	2 語いの理解	ことば調べ	ことばの定義と説明	3分
	3 主張の理解	主張のまとめ	全体的な主張の討論	6分
	4 話題の理解	話題のまとめ	話題の選定と討論	12分
関連付け	5 知識の統合	他の知識との関連付け	他の知識との関連付け	15分
	6 知識の適用	自己との関連付け	自己との関連付け	12分
評価	7 課題の評価	学習内容の評価	学習課題の評価	3分
	8 リハーサル	ミーティングの準備	学習活動の評価	6分
			計	60分

（安永 2006，16-17頁を基に筆者作成）

　LTD話し合い学習法の特徴は，**表1**のように，予習（個人思考）を必須とし，予習（個人思考）を基にして話し合い学習（集団思考）が行われる点である。予習と話し合い学習で行うことは，それぞれ8つのステップがある。予習（個人思考）の充実が，「それらを多面的に調べる活動を通して」（文部科学省 2017，88頁）につながるだろうし，話し合い学習（集団思考）が「主により妥当な考えをつくりだす力や生命を尊重する態度，主体的に問題解決しようとする態度」（前掲書，88頁）を育成していくと考えられる。

話し合い学習記録用紙

1　予習：話し合い学習を始めるための準備

① 内容理解：指定された教科書のページを読みます。
　※次のことを，見開きページの左側に鉛筆で書きます。
② 言葉調べ：大事な言葉や分からない言葉の意味を調べて書きます。
③ ポイント：学ぶべきことや新しい考え方について整理して書きます。
④ 教科書例：教科書に挙げられている例について整理して書きます。
⑤ 知っていること：ポイントと関係して，今までの生活で知っていることを整理して書きます。
　※余裕があれば，本やインターネットを使って調べてかまいません。ただし，出典（書籍名と著者／サイト名と制作者）を明記します。
⑥ これから：ポイントと関係して，これからの生活で生かしていきたいことや調べてみたいことを書きます。
　※早く終わったら，話し合い学習に向けて，練習をしています。
　※必要があれば，ノートに加筆修正を行います。

2　点検：話し合い学習を始める前の確認　※当てはまるものに〇を付けてください。

	全く当てはまらない	少し当てはまる（半分未満）	ほぼ全部当てはまる	非常に当てはまる
1	わたしは事前準備（予習）ができている。			
2	わたしは今日の課題に興味・関心をもっている。			
3	わたしは課題の内容を理解している。			

3　話し合い学習

　※見開きページの**右側**に，友達の考えで大切だと思ったことは**赤**で書き込みます。
　※話し合いの役割：話し始める，よく聴く，みんなの意見を引き出す，関係づけて話す，まとめる，例える，相手の意見を確認する，聞き返す，質問する，話題を次に進める…などがあります。
　※話し合いには，①から⑥のステップがあります。ステップの時間を守って，進めましょう。

・ メモを見ずに頭の中の言葉で話す。／…聞き手はつっかえても気にせず最後までしっかり聞く。
【質問スキル】
・ ～あなたはどんなことを考えましたか？
・ ～の理由を教えてください。
・ ～は，なぜ大切ですか。
・ ～と…はどこが似ていますか。
・ ～と…はどこが違いますか。
・ …について説明してください。
・ …はどんな意味ですか。
・ …について例を挙げてください。
・ もし，…だと，どうなると思いますか。
・ なぜ，…よりも…がいいのですか。

【話し合いの６つのステップ】
① 気持ちを紹介【3分】：今の調子や気持ち，今回の話し合いに向けた思いを伝え合う。
② 言葉の意味の確認【5分】：大事な言葉や分からない言葉の意味を伝え合い確認します。
③ ポイント【6分】：学ぶべきことや新しい考え方について考えを伝え合い，練り上げます。
④ 教科書例【9分】：教科書や資料集に挙げられている例について，意味を伝え合い，正確に確認します。
⑤ 知っていること【6分】：ポイントと関係して，学んだことや生活で知っていることと結びつけます。
⑥ これから【6分】：ポイントと関係して，これからの生活で生かしていきたいことと結びつけたり，調べてみたいことを伝えあったりします。

図1　話し合い学習法カード

LTD話し合い学習法は，これまでの小学校における実践も複数見られ，国語科で5年生のクラスを対象として，東京書籍の「インスタント食品とわたしたちの生活」という読書課題について，全15時間のLTD話し合い学習法を行った実践研究（須藤・安永 2011）がある。須藤・安永（2011）は，LTD話し合い学習法の8つのステップを11時間に分割して，予習を学校で行い実施した。須藤・安永（2011）が実施した分割型LTD話し合い学習法でも，十分な事前準備が必要なものの，高い学習効果が見られた。気を付けなければならないのは，LTD話し合い学習法はそのまま実践されているわけではなく，子どもの実態に合わせて，実践者によりアレンジされていることである。

　本実践では，6年生を対象にして行えるようにするために，言葉を簡易にし，学習カードに上の**図1**のように示し，45分間で終えるように配当時間を変えている。さらに，予習を前提としていることや2つの過程プランを用いていること，時間制限のあるミーティング等のLTD話し合い学習法の基本的な枠組みは変更していない。なお，LTD話し合い学習法はさまざまなテキストを学習課題とし，領域も限定されていない。このように本実践では，LTD話し合い学習法に着想を得て，単元や児童の実態に合わせて授業法を工夫しているため，LTD話し合い学習法ではなく，本学習法と呼ぶ。

　また，単元のはじめに，単元の学習展開を配り，子どもたちに学習の見通しが立つように学習予定表（**表2**）を児童に配付した。

　さらに，LTD話し合い学習法に着想を得た授業実践について，質問紙調査を行った河崎・梅澤（2018）の実践を基に，本学習法の効果測定のために質問紙調査を作成した。質問紙調査は，学習カードに含め，毎時間後に実施した。質問項目については，後に結果と共に**表3**にて示す。河崎・梅澤（2018）は，理解の深まりについての質問紙調査の結果の数値の向上から，「80％以上の受講者がミーティングを通して，自分自身の理解が深まった」（河崎・梅澤 2018，495頁）と，授業理解の深まりについて思料している。本研究では質問紙調査に加えて，それぞれの児童がノートに記述した「友達の考えで大切に思ったこと」にどのようなことが書かれているかを分析対象

に加えている。本研究により，河崎・梅澤（2018）の研究からだけでは分からない質問紙調査による「深い学び」の効果検証の方法についても検討を加えることができ，この点においても，本研究の価値がある。

表2　学習予定表

時間	内容	方法
1	「生物のくらしと環境」と言われたときにどんなことを知っているかを整理する。	自由記述法とイメージマップ法により，子どもの最初の理解を確認する。
2	食物を通した生物同士の関わりについて，本学習法に基づいて予習を行う。	単元全体の学びをどのように行うか説明し，本学習法の予習パートについてガイダンスを行う。
3	食物を通した生物同士の関わりについて，本学習法で話し合い学習を行う。	2時間目の予習に基づいて，話し合い学習を行う。
4	プランクトンを顕微鏡で観察する。	教科書に紹介されている観察を実際に行う。
5	生物と水との関わりについて，事前に行ってきた予習を基に学習する。	家庭学習として行ってきた予習を基に，話し合い学習を行う。
6	生物と空気との関わりについて，事前に行ってきた予習を基に学習する。	家庭学習として行ってきた予習を基に，話し合い学習を行う。
7	小松菜に日光を当てた時の，まわりの酸素と二酸化炭素の濃度変化を調べる実験をする。	教科書に紹介されている実験を行う。
8	1時間目の学びを振り返り，理解が深まったことや，さらに知りたいことを決め，調べ学習をする。	インターネットを利用して，調べたいことについて，課題を立て，調べ学習を行う。
9	テスト	単元についての業者テストを行う。

3．実践クラスと実践者の特性

　本実践はA県B市C小学校で，20XX年7月17日から20XX年7月30日までの間，級外として理科を受け持った筆者が6年生26人に対して授業実践を行った。単元は，「生物のくらしと環境（学校図書）」であり，「B　生命・地球」の「(3)生物と環境」に関する内容である。表2に示すように，全9時間のうち話し合い活動を3回実施した。

C校では3年前から話し合いに注目して校内研究を行っており，話し合い学習の素地ができている学級である。クラスには，授業に熱心に取り組む児童が多い。5年生から6年生への進級時に学級編成は行われておらず，5年生の時の担任が持ち上がっており，学級も落ち着いている。普段の授業でも話し合い学習を繰り返し指導していることから，本学習法による学びにより学習効果を得られることが期待される。

　授業者は，教員歴16年，主に理科を専門教科として定め，研鑽を続けてきている。なお，授業者は研究の体系的指導を受けた経験を持つ筆者であり，本実践はアクション＝リサーチの視座に立つ。なお，実践研究を行うに当たり，個人情報の流出に十分に留意することを説明した上で，C校校長に承諾を得てから実践を行った。

4．実践結果

　本学習法において，児童が話し合い学習記録用紙（図1）に基づいて，予習として教科書を読み，予習したことを見開きのノート左側にまとめてから授業に参加したのは，3回とも80％以上だった（表3）。話し合い学習では，話し合い学習記録用紙（図1）の「話し合い学習」を基に，話し合いを進め，「大切だと思ったこと」を見開きのノート右側に赤で書き込んだ。授業後に，話し合い学習記録用紙の質問項目に答えてもらい，毎時間提出した。ここでは，予習状況や児童の意識について，本学習法の有効性を検討するための結果を確認する。

⑴　単元末テストの結果

　本単元の単元末テストの結果は，学級平均92.7点，標準偏差13.9となった。

⑵　話し合い学習記録用紙の結果

　話し合い学習記録用紙の質問紙調査（4件法）の肯定的評価の結果は，**表3**のとおりである。

　「今日の話し合い学習を通して，課題に対するわたしの理解が深まった」の問いに対して，「非常に当てはまる」，「ほぼ全部当てはまる」と肯定的に回答した割合は，1回目90.5％，2回目90.5％，3回目81.0％となった。

表３　質問紙調査で「非常に当てはまる」，「ほぼ全部当てはまる」と答えた割合

| | 肯定的評価の割合 | | |
	1回目	2回目	3回目
わたしは事前準備（予習）ができている。	85.7%	81.0%	85.7%
わたしは今日の課題に興味・関心をもっている。	66.7%	66.7%	66.7%
わたしは課題の内容を理解している。	76.2%	90.5%	90.5%
今日の話し合い学習では，グループ全体として，各ステップ（①〜⑥）をうまくできた。	95.2%	90.5%	90.5%
今回の課題に対するわたしの興味・関心が高まった。	81.0%	81.0%	76.2%
今日の話し合い学習を通して，課題に対するわたしの理解が深まった。	90.5%	90.5%	81.0%
話し合い学習法を，またやってみたい。	76.2%	71.4%	71.4%

⑶　ノートの記述の結果

　児童が「友達の考えで大切だ」と思い，ノートに記述したことをテキストデータに打ち換え，「KH Coder」（樋口 2014）により分析を行った。本研究は筆者が実践しており，アクション＝リサーチを基本としている。研究者が実践に関わるときに信頼性ないし客観性の問題が生じる。KH Coder（樋口2014）により計量テキスト分析を用いることで，少なくとも差異がないことを差異があると間違って解釈するリスクを減らすことが期待できる。

　総抽出語数1165語，本学習法のミーティングで，26人が「友達の考えで大切だ」と考えノートに書いた全246文の記述を分析対象とした。人名を除いた結果，異なり語数は365種類，それらの平均出現回数は3.19回，標準偏差は6.15であった。抽出された頻出語には，たとえば，10回以上のものを上げると，「水（73），植物（48），酸素（25），空気（22），飲む（15），動物（14），気体（12），死ぬ（12），水分（12），二酸化炭素（12），食物（11），人（11），人間（11），養分（11）」があった（括弧内の数字は出現回数）。頻出語から，児童が本単元で学ぶべき概念に注目している様子が伺えるものの，具体的にどのような使い方をしているかはさらに詳しい分析が必要となる。個人情報の流出に配慮するため，ノートをそのまま紹介することはせずに，テキストマイニングにより，本学習法において児童が「友達の考えで大切だ」と捉えたことは何かを焙り出したい。

　そこで，「友達の考えで大切だ」に書かれた語の共起の程度が強い語を探索するため，KH Coderを用いて共起ネットワークによる分析を行った。外部変数を定めず，246文内の異なり語全365語を対象にした共起ネットワーク

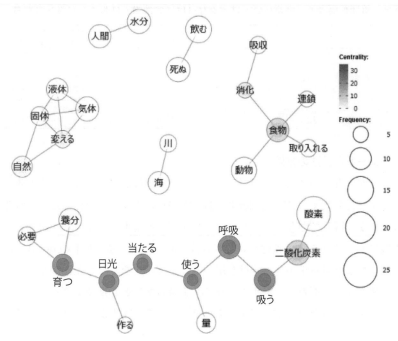

図2　共起ネットワーク図

　において，線で結ばれている語は共起していると考えることができる。この
とき，共起後を探すためにjaccard係数を0.2以上とした。jaccard係数は，語
と外部変数が関係するほど数値が高くなり，「語Aと語Bのどちらも出現して
いない文書が多数あったとしても，それによってAB間の係数が大きくなら
ないという特徴がある（樋口 2014，154頁）ため，前後を対象としても，関
係の深い語のみを探索することができる。共起ネットワーク図（**図2**）より，
6つのまとまりが抽出された。それぞれのまとまりについて，KWICコン
コーダンスにより，それぞれの語の使われ方を分析した結果A～Eの5点に
まとめられた。A：動物は，他の植物や動物を消化，吸収して養分を取り入
れており，「食べる─食べられる」のつながりを食物連鎖という。B：人間
の体内にも水分がある。C：生き物は水が無いと死んでしまう。D：自然の
中の水は，固体，液体，気体に姿を変えてめぐっている。川⇒海⇒水蒸気⇒

雨⇒川⇒…。Ｅ：日光を受けて植物は成長に必要な養分や酸素を作り，動物は呼吸により酸素を吸い二酸化炭素を吐きだす。これらの内容を，教科書の内容と比較すると，「友達の考えで大切だ」としたＡ～Ｅは全て，教科書の内容で書かれていることだった。

5．考察

　本学習法により，学習効果は上がり，小学生においても学習者は「理解が深まったと感じられる」ようになることが示唆された。集団の質が異なるため，河崎・梅澤（2018）の結果と単純に比較することはできないが，河崎・梅澤（2018）が深まったと思料する根拠としている80％以上の結果を基準としたとき，本学習法の３回ともが80％を上回った。

　一方で，本学習法を通して，学びが深まったと感じている児童は多いものの，具体的な内容を検討すると，教科書の内容とほぼ同様のことについて，理解が深まったと考えていることが分かった。本学習法において，児童が多面的に調べることをねらっていたものの，予習で調べるためには手立てが不十分であったと考えられる。なお，このことから，「学びの深さ」について調べるには，質問紙調査のみでは不十分であることが類推可能である。

　深い学びの着眼点で確認した，着眼点③「子どもに『新たな自己概念』を掘り起こし，『自身の内なる世界を広げたり，深めたりするような学びが展開されているか』」については，教科書の内容について，それぞれが自分の解釈を語り合うことで学びを深めることができたと推察できる。そこには，安定した学級経営の元で，話し合い学習が続けられてきたことで，着眼点④の「教師は子どもの存在を認め，よく見，よく聞くことで，集団に互いに存在を認め合える風土を育てていくこと」が土台としてあったのだろう。

　一方で，着眼点②「子ども中心とは，子どもの生きる社会や生活，将来と結びつくものであること」については，ノートの記述からは十分に読み取ることはできなかった。この点について充実させていくためには，たとえば，小学校段階では，家で予習をするよりも，準備段階として，学校で予習の時間をとり，教師が調べる視点やテーマを与えたり，関係する実験を開発し位

置づけたりすることが有効に働くだろう。さらには，「GIGA スクール構想」で，児童生徒の「1人1台端末」及び「高速大容量の通信環境」が整備されている中，端末を利用して，調べ学習をさらに充実させていく道も開けている。

6. おわりに

　本学習法は，好条件がそろったときには，高い学習効果を示すことが示唆された。さらに，「学びが深まった」と考える児童も先行実践と同程度の数値となった。「深い学び」を実現するためには，LTD話し合い学習法は教科や内容によって，工夫して実施することで高い学習効果を示す可能性があることも感じられた。小学校の理科「B生命・地球」における「生物と環境（6年）」など，実験や観察の難しい学習内容の単元構成要素の一つの候補となりうると言えよう。一方で，本実践からは，質問紙調査により学びの深まりの質や内容を測定することはできず，一定の限界があることも明らかになった。また，評価方法としては，着眼点①から④にあるように，どこまで子ども中心のカリキュラムになっているかを探るには，子どもの思考が残る形で書き残された記述が糸口になると考えられる。今後の課題としては，本学習法の有効性を検証し改善し続けることと，「深い学び」を実現するための着眼点そのものも検討し続けることである。つまり，「深い学び」を実現するための評価には，授業実践の評価，検証と授業改善に加えて，評価のためのものさし自体を一般性，汎用性の観点から継続して吟味する必要があると言えよう。

[キーワード]
　深い学び（deep learning），理科（science），評価（evaluation），授業実践（class practice），LTD話し合い学習法（Learning Through Discussion）

〈参考・引用文献〉
樋口耕一 2014,『社会調査のための計量テキスト分析：内容分析の継承と発展を目

指して』, ナカニシヤ出版.

河崎雅人・梅澤実 2018, 「LTD話し合い学習法を援用した算数科教育法の授業実践」, 日本教育工学会論文誌, 41(4), 489－500頁.

小西尚之 2020, 「『深い学び』を実現するためのアクティブ・ラーニング：協同学習の視点から」, 日本学校教育学会編, 『学校教育研究』, 第35号, 21－34頁.

黒羽正見 2020, 「深い学びの本質についての探究的試論：事例調査からみえてくるもの」, 日本学校教育学会編, 『学校教育研究』, 第35号, 50－67頁.

三村隆男 2020, 「深い学び再考：Post Covid-19を見据えて」, 日本学校教育学会編, 『学校教育研究』, 第35号, 8－21頁.

文部科学省 2017, 「新学習指導要領（平成29年告示）解説　理科編」.

杉江修治 2011, 『協同学習入門：基本の理解と51の工夫』, ナカニシヤ出版.

須藤文, 安永悟 2011, 「読解リテラシーを育成するLTD話し合い学習法の実践：小学校5年生国語科への適用」, 教育心理学研究, 59, 474－487頁.

中央教育審議会答申 2016, 「幼稚園, 小学校, 中学校, 高等学校及び特別支援学校の学習指導要領等の改善及び必要な方策等について（答申）」.

安永悟 2006, 『実践・LTD話し合い学習法』, ナカニシヤ出版.

「深い学び」の実現に向けた指導を促す評価規準の役割
—国際バカロレアの評価システムに着目して—

東京学芸大学教職大学院　**藤野　智子**

1．本稿の背景と目的

　平成29年及び30年の学習指導要領改訂では，子どもたちに育成する資質・能力を三つの柱で再整理し，各教科等でどのような資質・能力の育成を目指すのかという目標の明確化により，「子供たちにどのような力が身に付いたか」という学習の成果を的確に捉え，主体的・対話的で深い学びの視点からの授業改善を図る，いわゆる「指導と評価の一体化」を実現することが期待されている。また，生徒や学校，地域の実態を適切に把握し編成した教育課程に基づき，学校全体で組織的かつ計画的に教育活動の質の向上を図る「カリキュラム・マネジメント」に努めることが求められている。文部科学省「小学校，中学校，高等学校及び特別支援学校等における児童生徒の学習評価及び指導要録の改善等について（通知）（平成31年3月29日）」等に示されるように，授業改善と教育活動の質の向上において，中核的な役割を担うものは「学習評価」である。

　その一方で，学習評価は様々な課題を抱えていることが具体的に指摘されている[1]。文部科学省の委託調査によれば，小・中・高等学校ともに負担を感じるとの回答が7割以上占めた項目が，「評価規準の作成」であった。教員の負担軽減に配慮された学習評価の充実のための有効な要素として「評価規準」の作成やその評価方法，さらに，資質・能力を測るための評価課題の具体例が求められていることが明らかにされている[2]。

　国立教育政策研究所（以下，国研）『「指導と評価の一体化」のための学習

評価に関する参考資料（以下，参考資料）』において，学習評価の基本的な流れ，「内容のまとまりごとの評価規準」を作成する際の手順，単元ごとの学習評価について（事例）が紹介されているが，「深い学び」によって育成された資質・能力の具体的な評価方法については十分な事例が示されておらず，「学習評価」に関する負担や課題の解決策についても検討される必要がある。

　本稿では，国際バカロレア（International Baccalaureate，以下，IB）の評価システムに着目し，「深い学び」における評価について考察する。IB の教育は，より良い，より平和な世界を築くことに貢献する，探究心，知識，思いやりに富んだ若者を育成することを目的とし，生徒に未来へ責任ある行動をとるための態度とスキルを身に付けさせることを目指す，国際バカロレア機構（以下，IBO）が提供する国際的な教育プログラムである。IB は教育内容の水準と信頼性を確立するために，厳格な評価の仕組みの開発を行っている。

　IB教育は，新学習指導要領と親和性が高いと言われている。星野は，IBと学習指導要領の関連領域を比較し，IB教育を特徴付ける概念学習が「深い学び」と連関することを示している[3]。概念に基づくカリキュラムはリン・エリクソンの「概念」理解学習にその源があり，「概念とは，教科内と教科間の両方において関連性をもつ，幅広く，有力で，体系化を可能にする考えです。概念の探究は，生徒が複雑な考えに取り組む能力を構築するのに役立ち，トピックの背後にある『大きな概念』について議論することで，生徒は，特定の単元や選択項目を学んでいる理由の核心に迫ることができます。また，概念を通じた指導と，生徒を高次の思考へと導くことの間には，強い関連性があります。例えば，生徒は具体的な思考から抽象的な思考へと移行し，学習を新しい文脈に適用することができるようになります。」[4]と説明されている。この個別の知識を超えた，他の学習やあらたな文脈に転移可能で一般化できる大きな考えについて理解を促す指導は[5]，答申が提唱する「深い学び」（表1参照）の指導に活用できると考えられる。さらに，IBの教育原理である「指導のアプローチ」の6つのアプローチから「深い学び」に重要と

考えられるアプローチ，すなわち，探究を基盤とした指導，概念理解に重点を置いた指導，ローカルな文脈とグローバルな文脈を反映した指導，とも共通点を見いだすことができる（**表１参照**）。このように，「深い学び」はIBの指導と学習と関連性があり，「深い学び」によって育成される資質・能力の学習評価に関して，IBの指導と学習を支える評価システムは参考となる示唆を与えている。

　本稿では，「深い学び」の実現に向けた様々な取組の中から，IBの評価システムに着目し，「深い学び」の指導と学習によって育成される資質・能力

表１：IBの「指導のアプローチ」と「深い学び」との関連性

IBの「指導のアプローチ」	「深い学び」
探究を基盤とした指導： 　児童生徒がそれぞれ独自に情報を入手し，独自の理解を構築することが重視されています。	「子供たちは，各教科等における習得・活用・探究という学びの過程において，各教科等で習得した概念（知識）を活用したり，身に付けた思考力を発揮させたりしながら，知識を相互に関連付けてより深く理解したり，情報を精査して考えを形成したり，問題を見いだして解決策を考えたり，思いや考えを基に創造したりすることに向かう。こうした学びを通じて，資質・能力がさらに伸ばされたり，新たな資質・能力が育まれたりしていく。
概念理解に重点を置いた指導： 　各教科の理解を深め，つながりを見いだし，新しい文脈へと学びを転移できるようになるために，概念を探究します。	
ローカルな文脈とグローバルな文脈を反映した指導： 　実際の文脈と例を用いて指導し，新しい情報を自分の体験や周囲の世界に結びつけて消化することを児童生徒に奨励します。	
効果的なチームワークと協働を重視する指導： 　児童生徒間のチームワークと協働を促すだけでなく，教師と生徒の協働関係もこれに含みます。	
学習への障壁を取り除いた指導： 　多様性に価値を置き，インクルーシブな指導を行います。児童生徒のアイデンティティーを肯定し，すべての児童生徒が適切な個人目標を設定して追求できるよう，学習機会を創出することを目指します。	
評価を取り入れた指導： 　評価は，学習成果の測定だけでなく学習の支援においても重要な役割を果たします。また，効果的なフィードバックを児童生徒に提供することの重要性も，このアプローチでは認識しています。	

出所：IBO（2019）『IBの教育とは』，7頁 及び中央教育審議会（2016）「幼稚園，小学校，中学校，高等学校及び特別支援学校の学習指導要領等の改善及び必要な方策等について（答申）」，33頁 に共通する部分を筆者下線加筆

を評価する，IB独自の評価の規準を取り上げ，その役割について考察する。なお，IBが提供する４つのプログラムの中から[6]，中等教育プログラム（以下，MYP）の評価を取り上げる。MYPは，生徒が伝統的な教科の学習と現実社会とのつながりを理解し，批判的で振り返りのできる学習者になるためのアカデミックな学習のフレームワークを提供するプログラムである。学習内容については各国や各学校の事情に合わせて実施することができるよう配慮されているため，学習指導要領の文脈に応用しやすく，教科ごとの評価の規準が明示されている。

２．目標に準拠した評価規準に関するIBの評価との共通点

　評価と目標が密接な関係をもっており，このことについて松下は，「『深い学び』の実現のためには，『身に付けさせたい力』という目標を明確にした上で，これまでよりもさらに多様な評価方法を組み合わせる必要がある。生徒がどれだけ学んだかが見えるような評価，さらには『深い学び』を促すような評価が求められるだろう。」と述べている[7]。

　学習指導要領は，各教科等における目標や内容を「資質・能力の三つの柱」，すなわち「知識及び技能」「思考力，判断力，表現力等」「学びに向かう力，人間性等」に整理し，それらを踏まえた「観点別学習状況の評価」の観点（以下，観点）を，それぞれ「知識・技能」「思考・判断・表現」「主体的に学習に取り組む態度」と明示している。観点ごとに定められた評価規準とは「観点別学習状況の評価を的確に行うため，学習指導要領に示す目標の実現の状況を判断するよりどころを表現したもの」[8]と説明されている。学習指導要領に示す各教科等の「各学年の目標及び内容」の項目等をそのまとまりごとに細分化したり整理したりした「内容のまとまり」が示され，「内容のまとまりごとの評価規準」の考え方を踏まえて，学習を行う際の評価規準を作成することが求められているのである[9]。

　IBOが発行する各教科の『指導の手引き』は，プログラム修了時に，生徒が何を知り，何を理解し，何を行うことができるべきかという観点から，４

つの教科の目標の概要を示している。各教科の目標A，B，C，Dは，評価の規準（criteria）A, B, C, Dと連携している。この規準は学習指導要領の「観点」に相当すると考えられる。この4つの目標すなわち規準は，知識についての，事実的側面，概念に基づく側面，手続き上（方法的）側面，メタ認知的側面が網羅されている[10]。これら4つの側面は，4つの各規準に1対1で対応するものではなく，包括的に通底されているものと考えられ，これらの側面を取り込んだ考え方は，学習指導要領の文脈においても共通しているといえる。

3．IBの評価の規準との相違点

はじめに，IBと学習指導要領の観点との違いについてみてみたい。学習指導要領ではすべての教科において統一した3つの観点にまとめられているのに対して，IBでは教科ごとに異なる規準（観点）が設定されている。**表**

表2：MYP評価の規準表

教科名等	規準 A	規準 B	規準 C	規準 D
言語と文学	分析	構成	創作	言語の使用
言語の習得	リスニング	リーディング	スピーキング	ライティング
個人と社会	知識と理解	調査探究	コミュニケーション	批判的思考
理科	知識と理解	探究とデザイン	手法と評価	科学による影響の振り返り
数学	知識と理解	パターンの探究	コミュニケーション	実生活への数学の応用
芸術	知識と理解	スキルの発展	創造的思考	応答
保健体育	知識と理解	パフォーマンスの計画	応用と実践	パフォーマンスの振り返りと改善
デザイン	探究と分析	アイデアの発展	課題解決	評価
MYPプロジェクト：パーソナルプロジェクト	計画	スキルの応用	振り返り	
MYPプロジェクト：コミュニティプロジェクト	調査探究	計画	行動	振り返り
学際的単元	評価	統合	振り返り	

出所：IB（2018）『MYP:原則から実践へ』，94頁，2014年版以降の改訂をIBO運営My IBのWebサイト（日本語訳）から筆者加筆作成

2はIBの公式文書『MYP：原則から実践へ』及び各教科の『指導の手引き』に示される各教科の規準（観点）をまとめたものである。

　各規準は2～4つ程度の「ストランド」とよばれる目標を構成する詳細項目（要素）から構成されている。これは，学習指導要領の文脈においては評価規準に相当するものと考えられる。評価の項目が簡潔に示され，具体的で分かりやすい[11]。

　表3では，「言語の習得（初級レベル）」[12]と「中学校外国語（英語）」から「リスニング」を例に取り上げている。IBの評価の規準と学習指導要領の内容のまとまりごとの評価規準は一致するが，評価規準の内容に異なる点

表3：「中学校外国語（英語）」における「内容のまとまりごとの評価規準（例）」と IB「言語の習得」の評価の規準・ストランドとの比較

中学校学習指導要領の「領域別の目標」および「内容のまとまりごとの評価規準（例）」より		
聞くこと	知識及び技能	思考力,判断力,表現力等	学びに向かう力,人間性等
	[知識]英語の特徴やきまりに関する事項を理解している。 [技能]実際のコミュニケーションにおいて，日常的な話題や社会的な話題について，はっきりと話された文章等を聞いて，その内容を捉える技能を身に付けている。	コミュニケーションを行う目的や場面，状況などに応じて，日常的な話題や社会的な話題についてはっきりと話される文章を聞いて，必要な情報や概要，要点を捉えている。	外国語の背景にある文化に対する理解を深め，話し手に配慮しながら，主体的に英語で話されることを聞こうとしている。
	ア　はっきりと話されれば，日常的な話題について，必要な情報を聞き取ることができるようにする。 イ　はっきりと話されれば，日常的な話題について，話の概要を捉えることができるようにする。 ウ　はっきりと話されれば，社会的な話題について，短い説明の要点を捉えることができるようにする		
IBの「言語の習得」の評価の規準とストランドより		
聞くこと	生徒は，広範囲にわたって実際に即した簡単な口頭のマルチモーダルテクストに触れ，初級レベルの修了時には以下のことができるようになります。 ⅰ．明示的および暗示的な情報（事実や意見，および裏づけとなる詳細）を特定できる。 ⅱ．表現技法を分析できる。 ⅲ．つながりを分析できる。		

出所：国研（2020）『参考資料 中学校外国語』, 32-33頁, 及びIBO（2020）『MYP「言語の習得」指導の手引き』, 45頁より筆者作成

を見いだすことができる。

　学習指導要領の目標すなわち評価規準では，情報を聞き取り，話の概要を捉えることに着目しているのに対して，IBでは，生徒は暗示的な情報を特定したり，言語や行動面における表現方法を分析したり，マルチモーダルテクスト[13]のさまざまな構成要素間の関係や自己の世界とのつながりを分析したりする。「創造的そして批判的に考え，テクストで表現される意見，態度，文化的背景を認識する必要があり，テクストの内容をもとに，感情や行動を振り返り，他人の立場になって創造したり，新しい観点を得たり，共感できる心を育んだりする。」[14]事実的，概念的，手続き的，メタ認知的側面が含まれ，「深い学び」を経験しなくては身に付けることができない力が評価されるといえる。

4．教科・領域等を越えた学習で身に付いた力を評価する規準

⑴　学際的単元

　「深い学び」には，教科同士や実社会とつなげて，体系化したり統合したりする局面が求められる。知識基盤社会の複雑かつ相互依存性をますます高める変化する世界においては，複雑な問題に対して，より幅広いものの見方を身に付けたり，課題やアイデアを理解するために学問分野を統合し新たな知識を創造したりする必要があるからである。これまでの学習指導要領においても，教科等横断的な視点からの授業改善が求められており，今回の改訂においても「深い学び」につながるものとしてその重要性は強調されている。

　MYP のカリキュラムの重要な特徴のひとつは，学際的な指導と学習を重視し，学際的単元（Interdisciplinary Unit，以下IDU）という学習が展開されることにある。IBでは学問分野の関係の様子を，「多教科的」「学際的」「教科横断的」に分類する。複数の学問分野の境界を維持するアプローチを「多教科的」，1つ以上の学問分野に取り組み，教科固有の特性を尊重しつつその境界はあいまいであるものを「学際的」，学問分野を超越して取り組み，境界を取り除いたものを「教科横断的」としている。「学際的」な学習では，

以下をねらいとしている[15]。つまり，「より深い理解を生み出すために，異なる学問分野の知識を発展，分析，統合する」こと，「探究を通して，それぞれ異なる多様なものの見方を探り，統合する学際的な学習によって可能となる」こと，「ユニークなコミュニケーション方法や行動の実行方法について振り返る」こと，である。学際的な指導と学習は個々の教科と学問分野に基づくが，生徒が統合的かつ目的のある方法によって新たな理解の構築と実社会の問題に取り組めるよう，教師はカリキュラムを統合し，協働で設計することが推奨されている[16]。

(2) IDUの評価

　IDUの評価では，学習の成果のみならず学習のプロセスにも重きが置かれる。そして，評価の規準とストランドには，「教科横断的な学びを実践し，どのような力がついたのかはっきりと示されて」[17]いることがわかる。**表4**と**表5**はIDUの目標及び評価の規準を示している。IBは，批判的に見直し，改善するという姿勢を重視し，カリキュラムをおよそ6年ごとに検討，改訂している。2020年改訂版では，ブルーム・タキソノミーにおける高次の思考スキルに相当する「統合」「評価」，そして「振り返り」が，IDUのねらいに即した目標すなわち評価の規準として示され，「知の統合」を目指す「深い学び」によって育成される資質・能力の具体的行動が示されている（**表5参照**）。その具体的行動にかかわる指示用語に，定義が与えられている。例えば，IDU評価の規準とストランドと関連する，「分析しなさい」は「本質的な要素または構造を明らかにするために分解しなさい（複数の部分やそれらの関係性を特定し，結論に至るために情報を解釈する）」，「評価しなさい」は「長所と短所を比較し，価値を定めなさい」，「正当化しなさい」は「ある答えや結論を裏付ける妥当な理由や根拠を述べなさい」と説明されている[18]。

　教師は生徒の学際的理解がどのように視覚化されるかを特定する必要があり，IBOはバランスのとれた見方ができるように多様なツール例を示している（**表6参照**）。IBは多様性を受け入れるインクルーシブな方針の中で差異化された指導と評価を強調するため，生徒のパフォーマンスを公正に，十分に，適切に評価するよう様々な評価方法を用いることを求めているのであ

る[19]。教師は，求められている結果を明確にし，承認できる証拠を決定し，学習経験と指導を計画するウィギンズとマクタイの逆向き設計型[20]の考え方を踏まえて単元を設計し，評価の際には，評価規準に照らし合わせて評価するために必要な，生徒のパフォーマンスを実証するエビデンスを収集することが重要とされている[21]。

表４：IDUの目標及び評価の規準（2014年改訂版）

規準A	各学問分野の基礎	・関連する教科の学問分野に関する知識や概念に関する知識，手続き的知識を示す
規準B	統合	・学問分野ごとの知識を統合し，学際的な理解を示す
規準C	コミュニケーション	・適切なコミュニケーション方法を用いて，学際的な理解について効果的に伝える ・広く認められている書式を用いて，参考文献をまとめる
規準D	振り返り	・自分自身の学際的な理解の発展を振り返る ・特定の状況における学問分野内および学際的な知識，および知るための方法の利点と限界を評価する

出所：IBO（2019）『MYPにおける学際的な指導と学習の促進』より筆者作成

表５：IDUの目標及び評価の規準（2020年改定版）

規準A	評価	・学問分野ごとの知識を分析する ・学際的なものの見方を評価する
規準B	統合	・目的をもった学際的な理解を伝達する作品を制作する ・自分の作品が学際的な理解を伝達する方法を正当化する
規準C	振り返り	・自分自身の学際的な学習の発展を論じる ・新しい学際的な理解がどう行動につながるかを論じる

出所：IBO（2021）『MYPにおける学際的な指導と学習』より筆者作成

表６：学際的な理解の視覚化

教師が検討すべき事項	理解を視覚化するツール例
学際的な単元に取り組んだ結果として生徒がつくる作品	ウエブサイト，エッセー，ダンスパフォーマンス，実験，調査，口述プレゼンテーション，インフォグラフィクス
最終成果に到達したプロセス	授業観察の実施要項，プロセスジャーナル，チェックリスト，実験レポート，行動計画
学際的なプロセスを通じた学習についての生徒の振り返り	コメンタリー（論評），発表，ジャーナル，ビジュアルオーガナイザー，ブログ，個人的な学習記録，共有のデジタルノートとワークスペース，台本，漫画

出所：IBO（2021）『MYPにおける学際的な指導と学習』40-41頁より筆者作成

⑶　IDUの評価実践例

　日本のIB認定校におけるIDU実践から，東京学芸大学附属国際中等教育学校（以下，TGUISS）の「概念を入口にしたIDUの取組」を取り上げ，評価規準が果たす役割を見いだしたい。TGUISSは研究会や研究紀要等でIDU実践を広く公開し，その実践を省察し研究を継続している。**表7**はIDU「規準B：統合」に関する評価計画の概要をまとめたものである。IDUの指導の手引きは2014年から2020年に改訂されたが，高次の思考スキルを育成する「統合」は変わらない。「統合」は，学問分野ごとの事実に関する知識，概念に関する知識，手続き的知識の統合を示し，学際的な理解を示す必要があり，「新しい理解を創造するために異なるアイデアを組み合わせる」ことが求められている[22]。

　筆者は，IDUの授業者に対して行動観察とインタビューを行った[23]。そこから明らかになったことは，生徒の総括的評価課題については，各教科で学んだ知識を総動員し，各教科の見方・考え方を統合し，多様なものの見方や実社会と結び付けて自分の言葉で概念理解を表現していた成果物が見られた。その中に，目標を目指して学際的な「深い学び」が推進された結果，身に付いた生徒の高次の思考スキルが示された。また，授業者については，「規準B：統合」において生徒の具体的な姿が示されることによって，知識，概念及びスキルの統合を示す総括的評価課題の内容と評価方法をどのように設計するか，その資質・能力を育成するための「深い学び」に向かう指導をどのように計画，実施するかについて，綿密にディスカッションを行い，協働的に指導と評価の理解を深めていたことが看取された。そして，他教科との比較を通して，授業者が指導する各教科等の特質に応じた見方・考え方を鍛える指導内容及び教科の果たすべき役割について考察していることが理解された。

　これらのことから，IDUの評価の規準「統合」は，生徒に「深い学び」の過程を経て高次の資質・能力が育成される可能性があるのと同時に，指導改善につながる教師の協働的な取組を支援する役割を持つことが考察された。

表7：TGUISSにおけるIDU「規準B：統合」に関する評価計画の実践概要

学年 実施年度	教科〔重要概念〕 関連概念	探究テーマ または探究の問い	学習内容	「規準B：統合」に関する評価課題
第3学年 2016年度	社会×理科 〔システム〕 因果関係・環境	私たちは水俣病事件の失敗から何を学び，今後，持続可能な社会を構築するためにどのような努力をしなければならないのか。ほか	「水俣病」 （基本的用語） 高度経済成長，四大公害訴訟，受難者，触媒，食物連鎖，生物濃縮，ほか	・「かけがえのない『いのち』に優先すべきものはあるのか」に関するディスカッション ・持続可能な社会を構築するため「質問づくり」で明らかになった問いをもとにしたエッセイを新聞社へ投稿 ・「水俣病」の社会的，化学的側面からの理解を示すコンセプトマップの作成
第1学年 2019年度	国語×技術 〔システム〕 ジャンル・自己表現，展望・人間工学	システムは人の作り出すものに影響を与え，その意味や価値の可能性を広げる	・自由詩と短歌 ・ラック製作	概念「システム」を表現するポスターの作成
第2学年 2020年度	数学×理科 〔論理〕正当化，システム，証拠・根拠，機能	論理は証拠・根拠に基づき，つながりを正当化し，関係性を創造する	・図形の論証 ・音の伝わり方の論証	・スキル「logic」活用のディベート活動（形成的評価として） ・探究テーマに関連したキャッチコピーと写真の作成

出所：古家・重森・鮫島（2017）[24]，馬田・浅井（2020）[25]，新井・川上，他（2021）[26]及び関係資料[27]より筆者作成

5．IBの評価システムから得られる示唆

　IBの評価の規準とストランドには，学際的単元の規準「統合」の事例に示されるように，より高次の思考や行動を生徒に実証させることを課す要素が含まれていることから，学習指導要領の文脈における「深い学び」に求められる目標，すなわち評価規準の設定において参考になる。また，生徒の行動が具体的かつ明快に示されているため学校全体で育てたい生徒の姿を共有

しやすくなることから，「深い学び」の指導に向かう教師の協働的な取組を促し，教育活動の質の向上を目指すカリキュラム・マネジメントにも効果が期待できる。

[キーワード]

深い学び（deep learning），評価規準（assessment criteria），国際バカロレア（International Baccalaureate），評価を取り入れた指導（informed by assessment）

〈注〉

⑴ 文部科学省（2019）『小学校，中学校，高等学校及び特別支援学校等における児童生徒の学習評価及び指導要録の改善等について（通知）（平成31年3月29日）』https://www.mext.go.jp/b_menu/hakusho/nc/1415169.htm（2021年3月30日取得）。

⑵ 株式会社浜銀総合研究所（2018）『平成29年度文部科学省委託調査　学習指導と学習評価に対する意識調査報告書』https://www.mext.go.jp/b_menu/shingi/chukyo/chukyo3/080/siryo/__icsFiles/afieldfile/2018/09/05/1406428_9.pdf（2021年4月6日取得）。

⑶ 星野あゆみ「『指導』に関する特徴」東京学芸大学国際バカロレア教育研究会（2020）『国際バカロレア教育と教員養成　未来をつくる教師教育』学文社，23頁。

⑷ IBO（2015）『ディプロマプログラムにおける「指導」と「学習」』〔*Approaches to teaching and learning in the Diploma Programme*の日本語版〕，27頁。

⑸ Erickson L., 2002, *Concept-based Curriculum and Instruction Teaching Beyond Facts Expanded 2nd Edition*, Corwin press, 50-57頁.

⑹ 3-12歳PYP（Primary Years Programme：初等教育プログラム），11-16歳MYP（Middle Years Programme：中等教育プログラム），16-19歳DP（Diploma Programme：ディプロマプログラム），16-19歳CP（Career-related Programme：キャリア関連プログラム）

⑺ 松下佳代（2017）「『資質・能力』の総合的な育成をめざして「深い学び」に着目した教育改善を」『深い学びを考える』河合塾, Kawaijyuku Guideline, 31頁。https://www.keinet.ne.jp/magazine/guideline/backnumber/17/11/02toku.pdf（2021年3月30日取得）

⑻ 国立教育政策研究所（2020）『「指導と評価の一体化」のための学習評価に関

する参考資料』，3頁。

⑼　国立教育政策研究所（2020），前掲，14-15頁。

⑽　IBO（2018）『MYP：原則から実践へ』〔*MYP: From principles into practice,* 2017の日本語版〕，94頁。

⑾　小池研二（2011）「国際バカロレア中等課程プログラム（MYP）芸術科についての基礎的研究⑵－評価を中心として－」『美術教育学：美術科教育学会誌32巻』美術科教育学会，161頁。

⑿　初級（emergent）レベル（第1・2段階），中級（capable）レベル（第3・4段階），上級（proficient）レベル（第5・6段階）に対応した評価基準が設定されている。例えば，「聞くこと」に関する「評価課題作成に参考となる課題の種類とガイドライン」では，初級レベルでは「（略）すべての問いと回答は学習言語で行うこと。学校での総括的評価においては，問いと回答は母語，指導言語，学習言語のいずれで行ってもよい。聞き取りのテクストは5分以内であること。」と規定されている。IBO（2020）指導の手引き『言語の習得』，37-38頁。

⒀　マルチモーダルテクストとは，複数の伝達様式からなるメッセージや構成を使用したテクスト。急激に変化するテクノロジーや多様化する人口により，マルチリテラシーとマルチモーダルテクストが発展し，それらに基づく指導と学習が求められている。IBO（2020）指導の手引き『言語の習得』，14-15頁。

⒁　IBO（2020）指導の手引き『言語の習得』〔*Language acquisition guide,* 2020の日本語版〕，10頁。

⒂　IBO（2021）『MYPにおける学際的な指導と学習』〔*Interdisciplinary teaching and learning in the MYP,* 2021の日本語版〕，16頁。

⒃　IBO（2021），前掲，2頁。

⒄　小池研二（2016）「国際バカロレア中等課程プログラム（MYP）の改訂について⑵－評価を中心に－」『美術教育学：美術科教育学会誌37巻』美術科教育学会，219-231頁。

⒅　IBO（2018），前掲，138-142頁。

⒆　IBO（2019）『プログラムの基準と実践要綱』〔*Programme standards and practices,*2019の日本語版〕20-21頁。IBO（2018），前掲，100頁。

⒇　Wiggins, G. and McTighe, J., 2011, *Understanding by Design® Guide to Creating High Quality Units,* Alexandria, VA. Association for Supervision and Curriculum Development（ACSD），西岡加名恵（訳）（2012）『理解をもたらすカリキュラム設計』日本標準，21-22頁。

(21)　IBO（2021），前掲，40頁。

⑫ IBO（2018），前掲，142頁。 MYP指示用語から「統合しなさい」の定義が示されている。

⑬ 筆者は，TGUISS授業研究会（2019年11月22日）及び第7回公開研究会（2020年11月21日）における授業者の行動観察及び授業者3名へのインタビュー（2021年3月30日，4月6日，4月7日）を行った。

⑭ 古家正暢，重森健介，鮫島朋美（2017）『学際的単元の実践：水俣病を社会・理科の視点で捉える』東京学芸大学附属国際中等教育学校研究紀要，第10号，133-142頁。

⑮ 馬田大輔，浅井悦代（2020）『概念から設計する国語・技術の学際的単元授業実践』東京学芸大学附属国際中等教育学校研究紀要，第13号，99-110頁。

⑯ 新井健使，川上佑美，他（2021）『概念からデザインする教科等横断的な授業のあり方に関する研究 − 公開研究会とその後の実践報告 −』東京学芸大学附属国際中等教育学校研究紀要，第14号，23-36頁。

⑰ TGUISS授業研究会（2019年11月22日），及び第7回公開研究会（2020年11月21日）における協議会等で示された。

総合的な学習における三位一体の 対話活動と深い学び

―知識変容をもたらすインタラクションとリフレクション―

名古屋市立大学　原田　信之

1．はじめに

　アクティブラーニングは，一般に課題の発見と解決に向けて主体的・協働的に学ぶ学習のことを指し，総合的な学習の時間（以下，「総合的な学習」と略す）で実現しようとしてきた授業の質的転換と符合するものであった。このアクティブラーニングは，一方向的で受動的な講義形式が主流だった大学の授業に対し，「学習者中心のパラダイムへの転換をはかるための牽引役として登場し」（松下 2015，3頁），主に高等学校に普及していった。この時に出された文部科学大臣の諮問文（2014年11月）では，「課題の発見と解決に向けて主体的・協働的に学ぶ学習」と定義されていたことからすると，この時点では，主体的・協働的（対話的）に学ぶ姿（どのように学ぶか）までに留まり，到達点としての「深い学び」（どこまで学ぶのか）までは示されていなかった。

　総合的な学習においては2008年改訂時に探究の過程が示されたが，この過程は形式化しやすいという問題を抱えていることから，「深い学び」へと探究がスパイラルに高まることへの実質化が求められている。この探究の実質化には，これまで敬遠されがちであった，総合的な学習において育成すべき知識・概念がどのようなものであるかについての深い理解が欠かせない。

　この問題を乗り越え「深い学び」を実現するには，探究プロセスに「インタラクション（相互作用）とリフレクション（振り返り）を適切に位置付け，…知識を関連付けたり組み合わせたりする」といった知の探索の重要性を田

村（2018, 83頁）は指摘し，インタラクションとリフレクションのシナジー効果に期待を寄せている。これに関連して稲垣（2019, 120頁）は，「自分が何を理解し，何がわからないのか，自分がどのように問題を解決しようとしているのかを自覚する」ためのメタ認知の機能に着目する。深い学びとするには「知識を他の知識や考え，経験などとの関係の中に位置づけ構造化する」必要があり，知的技能や認知的方略が子どもたちの見方・考え方を働かせるのに重要な鍵になるという。このメタ認知は，対話とリフレクションの質を高める（熊平 2021, 3頁）といわれており，「主体的で対話的な学び」を「深い学び」へと架橋する確かな方途として期待されるものである。

　本稿では，主体的な学びを重視する一方である程度の確実性も確保したい総合的な学習において，「自分自身の思考や学習のマネージメント能力」として，「自分の知的な働きを一段上から理解したり調整したりする」メタ認知をどのように働かせるかが重要になることを踏まえ，まず，ダイアローグによるインタラクションの視点から対話実践の構図を描いた三位一体論を取り上げて考察する。探究の過程では，この三位一体のダイナミックな対話活動により知識が生成され，生成された知識は生きて働く知識へと変容していくことから，次に探究の過程での知識変容について論じる。最後に，リフレクション（振り返り）を組み入れることにより，探究の過程の実質化の方途を検討する。これらから，主体的で対話的な学びと，対象世界の真正の理解へと向かう深い学びとを分離させることなく，一体的・統合的に展開されていく関係性を考察することにする。

2．インタラクションを基調とする対話の三位一体論における集団思考モード

　探究的な学習の過程は総合的な学習の本質だといわれている。その学びの構図は，右肩上がりのスパイラル図において，一連の問題解決（「課題の設定」⇒「情報の収集」⇒「整理・分析」⇒「まとめ・表現」）を発展的に繰り返す過程として描かれている。この探究の過程においてどのような対話活動が期待されているのだろうか。

対話的な学びは，『中学校学習指導要領（平成29年告示）解説総合的な学習の時間編』（以下「解説」と略す）では，「他者との協働や外界との相互作用を通じて，自らの考えを広げ深めるような学び」として示されている。ここでは，広範な事象を多様な角度から俯瞰して捉え，実社会・実生活の課題を他者と共に探究するなど，他者や外界と向き合う活動が想定されている。この他者や外界に加え，「一人一人が学習の見通しをもったり，振り返ったり」して，「一人でじっくりと自己の中で対話すること」も内包されている（解説 107頁）。これらを鳥瞰すると，対話的な学びとして想定されているのは，他者との協働，外界との相互作用，自己内対話という３次元で進められる対話活動である。対話を対人的コミュニケーションに限定せず，対象世界（外界）の理解へと向かい，自己の在り方や生き方を問い続ける活動として想定されているところがポイントになる。

　対話をダイアローグ（相互作用）として位置づけ，学びの共同体における対話の「三位一体論」として提唱したのは，佐藤学である。この佐藤（2006, 15頁）の三位一体論では，学びを①対象世界との出会いと対話（文化的実践），②他者との出会いと対話（対人的実践），③自己との出会いと対話（自己内対話），という３方向の「出会いと対話」[1]のスペクトルを一元的にとらえ，その実現により編み出されるのが「対話的実践による協同的な学び」だとする。石井英真（2020, 47-48頁）も同様に学習活動の三軸構造論を提唱し，学習活動には「何らかの形で対象世界・他者・自己の３つの軸での対話」を含んでいるとし，「対話的な学びと主体的な学びを，対象世界の理解に向かう深い学びと切り離さずに，統合的に追求していく」ことを求めた。

　総合的な学習で追究する対象世界は，実社会・実生活として説明されている。学習者は，この実社会・実生活に現出する諸問題を探究課題として設定し，自己の生き方を問い続ける。対象世界（外界）との出会いと対話，および，自己との出会いと対話を「個人思考」モードだとすると，これら二つの個人思考の深化には他者と「集団思考」モードで進められる対話実践が不可欠である。異なる視点や異なる考え方があるからこそ多角的に検討でき，互いの考えが深まる。そして異なる視点を出し合ったり検討し合ったりするこ

とで，事象に対する認識を深めるのが集団思考モードである。物事の決断や判断が迫られるような場面では，より深い水準での自己内対話も促されるだろう（解説 116-117頁参照）。

　この集団思考モードの対話実践では，「複雑・多様な見解がぶつかり合う」こともある。そこでは「葛藤し，悩み，戸惑いが生起し，混沌が支配する」ことで，「多元的・多層的な見方，考え方が創発され，対話に深まりと広がりを与える」（多田 2017，103頁）という。対話実践は，こうした共感や葛藤を伴うが故に，自己調整と振り返り（リフレクション）が適切に組み込まれれば，発展的な広がりと深まりのきっかけが与えられ，次の学びのステージの扉が開かれる可能性につながる。

　こうした対話活動の効果は他にも，①違う視点や考え方，ヒントになる情報が提供されること，②最初は疎遠だと感じられた問題状況が，他者の経験に基づいた解釈が持ち出されることで身近なものに感じられること，③効果的な解決の方途の発見に導く話し合いが生じること，④つまずきの原因ややっていることの適切性に対して，評価やサジェスチョンが与えられること，しかも子ども相互に理解容易な言語的説明で提供されること，⑤学習意欲を持続しにくい子どもでも，仲間と同じテーマや課題を共有することで，学習の意味や価値を自覚し，追究することのおもしろさに出会えること，⑥自分の考えや発見したこと，やったことに対する他者の反応が自信や意欲，自己効力感を高めること，⑦自分の考えや判断を他者と共有することで学びの実感が深められること等を挙げることができる（嶋野・原田 2006，15頁参照）。

　さらに言及すると，これら対話活動の効果は，メタ認知研究からも裏づけられている。メタ認知とは，認知の認知，すなわち，「自分自身や他者の行う認知活動を意識化して，もう一段上からとらえる」行為のことを指す。例えば，「頻繁な発話交代が問題解決のアイデアを出しやすくする」こと（三宮 2018，146頁），拡散的思考課題において，うなずきながら頻繁にあいづちをうつと，話し手は活発に話せるようになるだけでなく，より多くのアイデアを考え出せること（同，144頁），他者との対話による言葉かけ（「もう一度確かめた方がいいよ」等）は，内言により自らの思考が調整されて，自

己内対話による問題解決が行われるようになること（同，40頁）などである。

　メタ認知研究において特に示唆に富むのは，外界・他者・自己という三位一体の対話実践のうち，内言を働かせ，自己の学習状況を調整する自己内対話を常態化させることの大切さを説いているところである。メタ認知研究は，逆に，集団（グループ）の話し合いで物事を決める場合，個人で決めるよりも浅はかな判断を招くケースがある（「○○が言ったことに乗っかっておけば楽だ」等）。これはジャニスが指摘した集団浅慮の問題（同，149頁参照）であるが，こうした負の側面も明らかにしており，正と負の両面の効果を理解しておけば，対話活動の支援にも役立つ。

３．知識変容として捉える深い学びへの新展開

　これまで，子どもの主体性や学校の自律性を強調してきた総合的な学習においては，身に付けることが必要な知識・技能を公示することに消極的な立場がとられてきた。しかし，今次改訂においては，「総合的な学習の時間だからこそ獲得できる知識は何かということに着目することが必要である」（解説 13頁）とし，この時間を通して獲得する知識の実相に迫ろうとしていることから，その知識と深い学びとの関係性を問う必要がある。

⑴　構成主義における知識変容の姿

　学習者が自ら外界と相互作用しながら，知識を自己内に取り入れるために自身の考え方を調節したり，理解できるように知識を変形（同化）させたりして主体的に知識を構築する学習者像を描くのが構成主義の立場である。外界と自己との関係性でいえば，「繰り返し経験するものからルール（原理やきまり）を見いだしたり，類似のものにそのルールを適用してうまくいくか確かめたり，当てはまらなければ別のアプローチをしたりと，外界を解釈し，外界と相互作用しながら学んでいく」（大島・千代西尾 2019，４頁，丸括弧は筆者による補記）ような姿である。

　こうした外界との相互作用を通して結びつき，構造化された知識の集まりはスキーマと呼ばれる。スキーマは宣言的知識の集まりを指し，過去の経験

が抽象化・一般化されるかたちで私たちの認知に影響を及ぼす。スキーマは，知識を整理し利用可能な状態にするのに有効な反面，既存のスキーマに合うように，枠の方に合わせて解釈することで誤った推測がなされることもある。これに対しては視点が変わることにより，別の視点に適合するスキーマが促進的に働くことから，他者との対話活動は，誤った推測の調整に効果的である。他方，行動に関する手続き的知識の集まりの方はスクリプトと呼ばれる。「関連付けられて構造化され，統合的に活用される」（解説 14頁）ことで高まった（変容した）知識・技能とは，とりあえずはこのスキーマとスクリプトの形成のことを指すとみてよいだろう。バラバラに頭に収められた知識・技能がこうした構造を有するように変容していることは，思考・判断への活用に多くの利点があるとされている。

　しかし，複雑な問題解決など，知識・技能をダイナミックに活用しての説明には，スキーマとスクリプトでは不十分である。メンタルモデルはモデルに基づく推論と呼ばれ，人が何らかの問題解決行動をとるときに，自身がおかれた問題状況に合わせて経験や知識を組み合わせてモデル（推論の枠組み）をつくっては，より状況に適合するようにつくり替えたり調整したりすることで問題解決に迫っていく，いわば駆動する知識のことといえる。推論の枠組みをつくろうと，瞬時に知識をネットワーク化してつなげ，脳内に思考の枠組みやストーリーが作成される。このように思考を活性化する役割を果たすのがメンタルモデルである。（大島・千代西尾 2019，4-8頁参照）。ただしメンタルモデルも同様に，固定観念や思い込みを誘発することがあるので，「より精緻なメンタルモデルへと修正・更新しながら，理解を構築していく」には，「自分の理解がどの程度うまくいっているかということを主体的にモニターするメタ認知」（同，27頁）として，見通し・振り返りを働かせて自己調整を図ることが有効である。加えて同様に，対話活動の中で異なる視点を出し合って検討するなど，他者との協働調整（Co-Regulation）が図られると精緻化が進む。

⑵　事実から概念へ，そして活用場面と結びついた汎用的な知識への変容

　総合的な学習で身に付ける「知識」の説明はこれまでとは一変し，この学習を通して「生徒が身に付ける知識は質・量ともに大きな意味をもつ」とし，この「総合的な学習の時間だからこそ獲得できる知識は何か」に着目する必要性が説かれた（解説 13頁）。

　このことから，総合的な学習で身に付ける知識・技能を整理すると，①具体的な事実に関する知識，②個別的な手順の実行に関する技能，③①と②が相互に関連付けられ，統合されることによって形成される概念的な知識，④各教科等で習得した概念が統合され一般化された汎用的な知識に類別できる（解説 13，31，75，108頁参照）。①と②の総称が「事実的知識」だとしても，理解しにくいのは④である。④は『解説』の「深い学び」の視点のところでは，活用場面と結びついた汎用的なもので多様な文脈で使える「思考力，判断力，表現力等」として位置づけられている。『解説』では説明の截然としないところが見受けられるものの，この説明からすると，①～③が「知識・技能」系の知識であり，④が「思考・判断・表現」系の知識として，系を定めることができそうである。

　複数の事実に関する知識や手順の実行に関する技能が相互に関連付けられ，統合することにより形成されるのが③の「概念的な知識」であり，問題解決の場面に応じて宣言的知識や手続き的知識がつながるタイプである。この概念的な知識は，以下のように事実的知識が統合されて質的に変容した知識として説明されている。例えば，人・もの・こととかかわる探究の過程で事実的知識が「何度も活用され発揮されていくことで，構造化され生きて働く概念的な知識へと高まっていく」（同，75頁）とした上で，「複数の事実に関する知識や手順に関する技能が相互に関連付けられ，統合されることによって」（同，31頁）形成されるものとしている。ここでは，探究の過程を通し，知識の質が一般化された概念的なものへと変容するとしているところが肝要である。

　この概念的な知識は，自然環境と生物生存の相互性，自然環境は有限であるがゆえの保護の必要性など，人や地域のため，環境保護のため，公共のた

めといった高次な目的や価値と結びついた，広く応用可能な状態に変容した知識のことである。事実的知識を構造化・統合化して生きて働く概念的な知識となるが，より一般化された概念的知識の理解にまで到達することが求められている（解説31頁参照）。

④についてはどのような知識変容が考えられているのだろうか。知識変容の説明に着目して整理すると，知識は「実社会・実生活における様々な課題の解決に活用」されることで，「統合され，より一般化されることにより，汎用的に活用できる概念」（同，13頁）になるとしている。汎用的に活用できるまで知識の質が高まると，他の文脈においてもその獲得された知識が生きて働くようになるという理屈である。この理屈自体は，生きる力育成の文脈で説明されてきた「生きて働く知識」と大差ないと思われるかもしれないが，より精緻なものになっている。この知識が有する汎用的な活用可能性とは，「未知の状況においても課題に応じて自在に駆使できる」状態のことを指す（同，15頁）。ここで説明されているように「自在に駆使できる」知識とするには，それらが「関連付けられて構造化され，統合的に活用される」（同，14頁）ような学習過程をへることが必要となる。この知識変容の要点については，知識・技能をネットワーク化して構造化したり，パターン化して高度化させたりして，単独系の知識・技能を概念的・構造的な関連系の知識・技能に変容させることであるとして，深い学びを構造化された知識・技能の変容状態として捉えることが試みられている（田村2018，83-84頁参照）。

この「ネットワーク化」や「構造化」等と表現される知識・技能の変容状態こそが，総合的な学習における深い学びを解く鍵になっている。こうした知識・技能は，どの場面でも「自在に駆使できる」といった自在に活用・発揮できる知識状態にあり，これを田村は「駆動する知識」と呼んでいる（同，55頁）。深い学びのポイントは，「知識の『構造化』や『関連づけ』を学習者自らが行うことにある」（稲垣2019，111頁）。

上記以外にも，三位一体の対話活動の相互作用によりもたらされる効果として，総合的な学習では，①他者への説明による知識・技能の構造化，②他者からの多様な情報の供給，③知識の可視化・操作化（知を創造する場の構

築と課題解決に向けた行動化）により思考を広げ深め，新たな知を創造することなども期待されている（解説107頁）。

4．自己内対話としての「振り返り」を探究の過程に組み入れる

繰り返しにはなるが，探究の過程は，右肩上がりの螺旋で示された一連の問題解決のユニット（課題の設定⇒情報の収集⇒整理・分析⇒まとめ・表現）で描かれている。このユニットに組み込まれていない「振り返り（リフレクション）」[2]の重要性は，次のように説明されている。一連の問題解決の「学習後に自らの学びの成果や過程を振り返ることを通して，次の学びに主体的に取り組む」（解説106頁）ことができるとしている。これにより，次の学び（ユニット）に発展的に移行するには，探究の過程に「振り返り」を位置づける（**図参照**）ことの有効性が示唆されている。このことは，問題解決を発展・深化させるのに，この振り返りが新たな起点になることを意味する。この振り返りは，「見通し振り返る力」（同，41頁）の育成にもかかわる。

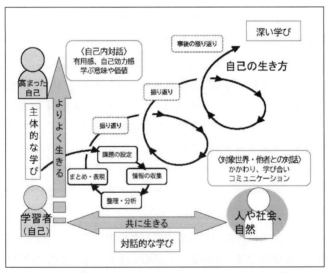

図 「振り返り」を組み込んだ探究のスパイラル[3]

振り返りには，以下のような効果があるとされている（同，106-107頁参照）。
・自らの学びの意味付けや価値付け
・自覚した学びの意味や価値の他者との共有化
・言語化による体験と収集した情報・既有知識との関連化
・自己の考えとして整理することによる深い理解
・「考え直し」としての方略の再検討

　和栗（2015，40頁）は，「学びを最大化させるリフレクションとは，思考や行動の質を改善し，思考と行動の関連を深めるメタ認知のプロセスである」と説明する。総合的な学習の創設期から，この問題解決におけるメタ認知については，「問題解決という認知行為はこのメタ認知によってすぐれたものとも，平凡なものともなるのである。…学習者である子どもたちの『メタ認知（略）』を高めることこそ重要」（加藤・佐野 1998，53頁）であると指摘されてきた。問題解決という認知行為をすぐれたものとするには，どのような学習が求められるのだろうか。その鍵となるのがメタ認知である。

　注意しておかなければいけないのは，振り返りという言葉は，どちらかといえば総括的な事後の振り返り（reflection on action）として，事後的なメタ認知活動を行うというふうにイメージされがちなところである。しかし思考活動を軌道に乗せ，個人レベル・集団レベルの両側面から調整を図り，学習を前進させるには現在進行中の活動の中での振り返り（reflection in action）を行うべきだとしたドナルド・A・ショーンの主張はよく知られている[4]。

　メタ認知は大きくメタ認知的知識とメタ認知的活動（メタ認知的経験）に分けられる（三宮 2018，15頁）。メタ認知的知識とは，人間一般の認知特性についての知識，自他の認知特性についての知識を含む。このうち他者の認知特性についての知識は，他者と協働的に課題を遂行する場面で役立ち，相手の認知特性が理解できていれば，相手の得意を生かし，弱点を補うという相補的な問題解決行動がとられやすくなる。

　メタ認知的知識のうち，認知特性についての知識とともに重要なのは，課題解決の方略についての知識である。これは，「課題をよりよく遂行するた

めの工夫に関する知識」であり，「課題解決の方略についての知識を豊富にもち，これを実際に活用することによって，課題遂行のレベルを高めることができ」る（同，17-18頁）とされる。例えば，総合的な学習において，考えるための技法として，四象限法やクラゲチャートなど思考ツールの活用が広まっているが，整理の仕方，分類の仕方，比較の仕方に応じて，どの思考ツールを用いるのが有効か，各思考ツールの特性を理解した上で適切に用いて，課題遂行のレベルを高めるといったことである。これらツールについては，小手先のテクニックとして利用することを避け，そのツールを用いることでどのように情報処理されたり，可視化できたりするのかといった原理的な理解に導くことが重要である。十分に理解してこそ，必要な場面で的確に役に立つ方略を自ら選択し，駆動する知識として効果的に活用できるようになるのである。

　次にメタ認知的活動については，①「なんとなくしかわかっていない」など認知についての気付きや感覚，②「こうやればできそうだ」といった認知についての予測，③「このやり方でいいのか」といった認知の点検，④「これはできたけど，ここは理解できていない」などの認知の評価として顕在化するものであり，これらをメタ認知的モニタリングと呼ぶ（同，20頁参照）。問題解決を進歩させたり発展させたりするのに欠かせないのは，認知の状態を制御するメタ認知的コントロールの方である。

　メタ認知的コントロールとは，「ここまでやり遂げよう」といった認知の目標設定，「手始めにこれをやって，それができたらこれとこれにチャレンジしよう」といった認知の計画，「比べてもうまくいかないから，時間軸に並べて整理してみよう」といった認知の修正として現れるものである。

　メタ認知的活動は，問題解決を進展させる上で重要であるが，注意すべき点もある（深谷 2016，9-10頁）。一つは，メタ認知的活動を通して認知や行動の調整を図るだけでは，問題解決は保障されないということである。例えば，「琵琶湖の環境保全のために葦が植えられている」という情報について，「なぜ葦なのか」と疑問を持ったとする（モニタリング）。この疑問に対して，「もっとよく調べることを決める」（コントロール）。しかし，調べようとい

う動機づけだけでは問題解決は保障されない。葦の水質浄化のしくみ，繁殖規模やコスト等の情報と関連づけることが必要である。

　二つに，課題に着手する前後において，メタ認知的活動の様相が異なる点である。深谷（2016，9頁参照）は，課題に取り組む前と後のメタ認知をオフライン・メタ認知，課題に取り組んでいる最中のメタ認知をオンライン・メタ認知と呼んでいる。例えば，琵琶湖の環境問題の共通資料（ビデオ）を見て，「水はどのくらい汚れているのか，調べてみよう」といった自分なりの目標（課題）が設定される（コントロール）。次に，遂行段階では，「水質はどうやって調べればよいのだろうか」，「きれい，汚いの基準はあるのだろうか」，「琵琶湖でも場所によって異なるのか」というように，調べないとわからないことが疑問として生成される（モニタリング）。「図書館の本で調べてみよう」「環境保全に取り組んでいる人に聞いてみよう」等，疑問を解消するための認知が調整される（コントロール）。ただし，疑問の掘り下げ力が弱ければ，「なんとなくわかったような気がするから，切り上げて他のことを調べてみよう」とするなど，十分な問題の解消に至らない場合もある。事後段階では，改めて問題解決の達成状態が評価される（モニタリング）。この時の事後段階のモニタリングが「振り返り」に相当し，この事後の振り返りには，問題解決の局面の間の振り返りと，一連の問題解決活動を経た後の総括的な振り返りの二種類があると考えられる。

　この振り返りは，生徒が「手応えをつかみ前向きで好ましい感覚を得る」といった自己肯定感の涵養，「自らの学びを意味付けたり価値付けたりして」（解説108頁，49頁）の自己変容の自覚など，学びに向かう力・人間性等の面でも大切となる。

5．おわりに

　深い学びとして，総合的な学習においては探究の過程の実質化が求められている。そのために本稿ではインタラクションとリフレクションに着目した。3次元の出会いと対話から構成される三位一体論を取り上げた意図は，探究の過程の実質化のためには，外界との深い対話活動（インタラクション）が

知識変容をもたらし，自己内対話としての振り返り（リフレクション）が単なる試行錯誤を乗り越え，探究の軌道をより確実なものにしてくれると考えたからである。これは，対話的な学びがコミュニケーション活動や交流に限られないことを示すものでもあった。これまで敬遠されがちであった総合的な学習で育成する「知識」については，探究の過程を通して，その知識をどのように変容させることなのかという点で「深い学び」との密接不可分な関係を示そうとした。そこでの知識や概念の形成は，当然のことながら画一的な習得主義とは無縁であり，主体的な探究の過程を通してこそ「自在に駆使できる」までに高まり，獲得できる生きて働く知識のことである。今後もこの時間だからこそ獲得できる知識は何かという問いに向き合い，探究の過程が精査される必要があるだろう。総合的な学習に関する研究では実践実証的なアプローチが取られることが多いが，そのようなアプローチをとる場合にも学習科学の知見が取り入れられることを期待したい。

付記：本研究は文部科学省科学研究費補助金（課題番号：20K02797，20H01667，19H01673）の助成を受けたものである。

[キーワード]

メタ認知（Metacognition），振り返り（Reflection），概念的な知識（Conceptual knowledge），三位一体の対話活動（Trinitarian dialogue activities），深い学び（Deeper Learning）

〈注〉

(1) 多田孝志は，対話を「自己および多様な他者やさまざまな対象と語り合い，差異を生かし，新たな智恵や価値，解決策などを共に創り，その過程で創造的な関係を構築していくための言語・非言語による，継続・発展・深化する表現活動」であるとし，自己との対話，事象・生物等の対象をみつめての無言の語り合いも対話に含めている（多田 2017，61-63頁）。

(2) 振り返りは英語のreflectionに相当するが，リフレクション，省察，内省，反省（反省的実践家）とも訳されてきた。

(3) 原田信之編著，2008年，『平成20年改訂中学校教育課程講座　総合的な学習の時間』，ぎょうせい，136頁掲載の図「探究の過程と自己の生き方」を「主体的・

対話的で深い学び」の実現に向けて改変した。

⑷ このショーンの主張は，省察的実践家であるべきとする教師に向けられたものであるが，遂行段階と遂行後のメタ認知的活動に近いと考えられている（三宮2018，25頁参照）。

〈引用・参考文献〉

石井英真，2020年，『授業づくりの深め方』，ミネルヴァ書房

稲垣忠編著，2019年，『教育の方法と技術』，北大路書房

OECD教育研究革新センター編著，2015年，『メタ認知の教育学』，明石書店

大島純・千代西尾祐司編，2019年，『学習科学ガイドブック』，北大路書房

加藤幸次・佐野亮子編著，1998年，『小学校の総合学習の考え方・進め方』，黎明書房

熊平美香，2021年，『リフレクション』，Discover

グループ・ディダクティカ編，2019年，『深い学びを紡ぎだす』，勁草書房

佐藤学，1995年，「学びの対話的実践へ」，佐伯胖・藤田英典・佐藤学，『学びへの誘い』，東京大学出版会

佐藤学，2006年，『学校の挑戦』，小学館

三宮真智子，2018年，『メタ認知で〈学ぶ力〉を高める』，北大路書房

嶋野道弘・原田信之編著，2006年，『学び続ける学校』，東洋館出版社

ショーンD.A.（柳沢晶一・三輪建二監訳），2007年，『省察的実践とは何か』，鳳書房

多田孝志，2017年，『グローバル時代の対話型授業の研究』，東信堂

田村学，2018年，『深い学び』，東洋館出版社

原田信之・水野正朗，2008年，「『学びの共同体づくり』論の授業技法化モデル」，『岐阜大学教育学部研究報告：実践研究』，第10巻

深谷達史，2016年，『メタ認知の促進と育成』，北大路書房

松下佳代編著，2015年，『ディープ・アクティブラーニング』，勁草書房

溝上慎一，2014年，『アクティブラーニングと教授学習パラダイムの転換』東信堂

三田大樹，2018年，「総合的な学習の時間における『探究の過程』をスパイラルに高めるブリッジとしての省察」，『せいかつか＆そうごう』，第25号

文部科学省，2018年，『中学校学習指導要領（平成29年告示）解説　総合的な学習の時間』，東山書房

和栗百恵，2015年，「サービス・ラーニングとリフレクション」，『ボランティア学研究』，第15号

自律性と深い学び
―ニューノーマル下の教育基盤―

上越教育大学名誉教授　**廣瀬　裕一**

1．はじめに

　労働環境における在宅勤務の広まりはコロナ対応の緊急措置であったが，そのメリットも認識され，仕事は職場で行うという常識が覆った。勤怠管理等の課題はあるが，ポストコロナ期においてもこの勤務形態は日常化するであろう。オンライン授業の広まりによって教育環境にも大きな変化が生まれ，勤怠管理と同様，教師の目が十分行き届かないところでの子供の学習指導や生活指導が新たな課題となる。この非接触・遠隔を基本とするニューノーマルが浸透する状況においては，ICT活用能力と併せて，自律性を高めることが重要要件となる。特に，学校が長期間休業する場合や対面授業ができないような場合，他律に慣れた児童・生徒に自律性が育っていなければ，生活習慣の乱れや学習遅滞が深刻になるであろう。

　すでに安彦（2014）は，ESDの視点から「能力（自己）開発型」教育と「能力（自己）制御型」教育とを対比し，「前者も今後必要であるが，これまでのように主とすることはできず，むしろ後者を主として，前者は副に位置づけなければならない時代に入った」[1]としている。「能力制御・自己制御というとき，特に重要なのは『自律』と『知足』」[2]であり，ここにおいても自律性を高めることが大きな一要件となる。ちなみに，知足は，小欲にして足るを知る叡智である。課題の解決・改善に身を尽くす悦びと，足るを知り感謝する悦びは，相矛盾するかに見えつつも両立し得るこの世の幸福の両輪である。前者ばかりに目を向けた教育ではなく，後者をも重視する教育こ

そが持続可能な社会の構築に不可欠であろう。

　また三村（2020）は，「深い学び」については「学習者個人における学びの変容を中心に捉える考え方」と，「個人の学びに社会的機能を付与した解釈」があるとした上で，Post COVID-19においては「深い学びの軸足を後者に移して考えざるを得ない」とし，深い学びを実現するために「利他的動機」（altruistic motive）に裏付けられた将来の社会に役立つ学びが重要であることを論ずる[3]。この利他的動機は自律性とイコールではないが，重なり合うところが大きい。

　このように，これからの時代はニューノーマルの中での生きる力としても，将来にわたって持続可能な社会を構築する担い手を育む観点からも，利他的動機に裏付けられた深い学びを実現する観点からも，「自律性」が共通のキーワードとなり，それを高めることが不可欠となる。そのベースとして，深い学びの質を保障する自律性を核とした教育理念を確固としたものにしなければならないが，この理念は曖昧なままになっている。また，教員のクオリティ向上も欠かせないが，それを阻害する法令用語の不適切な使用や解釈が蔓延している現状もある。小論ではそれを具体的に明らかにし，教育法の解釈論を中心に立法論をも視野に，今後の在り方を考えたい。

２．「自律」軽視の戦後教育

⑴　「人格の完成」の空文化

　「自律」「自律性」（autonomy）は法令等の用語としても近年よく目にするが，「自立」「自立性」や「自主」「自主性」との使い分けは必ずしも明確でない[4]。日常的にも多義的に用いられる語であるが，小論でいう「自律」は，自ら立てた道徳律に自ら従うことを意味し，自律の主体が「人格」である。この意味の人格の完成を目指すことが，教育基本法の昭和22年旧法以来，平成18年改正法でも教育の目的として明記されており（１条），自律を重視する教育理念は，法定はされてきた。しかし，文部（科学）省の公的解釈が不適切であるために，この理念は空文化している。

　すなわち，教育基本法改正法案を審議した平成18（2006）年６月８日の衆

議院教育特別委員会で小坂憲次文部科学大臣は,「人格の完成」とは「各個人の備えるあらゆる能力を可能な限り,かつ調和的に発展させることを意味する」[5]と答弁した。これは旧法制定直後の昭和22（1947）年に文部省訓令「教育基本法制定の要旨について」で示された「人格の完成とは,個人の価値と尊厳との認識に基づき,人間の具えるあらゆる能力を,できる限り,しかも調和的に発展せしめることである」という定義を継承したものである。ただ,昭和22年訓令は,まだしも,「個人の価値と尊厳との認識に基づき」という文言を付しているので,人間の尊厳の根拠である自律性が含意されていると釈明することもできたが,この一句を外した平成18年答弁に至っては全く弁明の余地もない。「人格」の道徳性を切り捨て,能力面だけで無理に説明しているが,「あらゆる能力」といえば,振り込め詐欺で利を得る悪知恵も含まれてしまい,およそ教育の目的とするには不適切である。「調和的に発展」としたところで,悪しき能力を排除することにはならない。たとえば,反社会的集団にも,抗争・衰退もあれば,調和・発展もあるだろう。

⑵ 「豊かな人間性」の席巻

このように歪められ,軽視された「人格の完成」に替わって,教育の目的の地位を席巻しているのが「豊かな人間性」である。改正教育基本法の前文に,旧法にはなかった「豊かな人間性と創造性を備えた人間の育成を期する」という文言が入ったのをはじめ,学校教育法（51条）,文部科学省設置法（3条,4条）,食育基本法（前文,1条,2条）,文字・活字文化振興法（1条）,大学設置基準（19条）など教育関係の多くの法令や中央教育審議会答申などにおいても,この文言がさかんに用いられる。しかし,人間性とは人間の本性であり,善悪美醜など正負両面を有する。人格性に高まる高貴さと,動物性に堕落する低劣さを併せ持つ。利他的動機で己を犠牲にするのも,利己的衝動で他人を傷害するのも人間性である。この人間性を追究し表現するのは芸術であり,人間の悪性もまた文学や絵画等の主題にはなるが,教育が目指すものはそれではない。教育基本法の旧法案成立過程でも,第1条の「人格の完成」をめざすという文部省原案の文言が,教育刷新委員会第一特別委員会でいったんは「人間性の開発」に改められたものが,「人間性とい

う言葉は人間の悪性を是認する感じを与へる」という法制局の適切な意見等によって,「人格の完成」に再修正された歴史がある。

　ところが今日に至るまで,「人間性の開発」の方が「外からの規範に従うリゴリスティックな人間観・教育観ではなく,一人ひとりの個性の尊重を軸に,それぞれの人間性を創造的・自発的に開放し,その発達を保障するという,より開放的,より自由な人間観・教育観」[6]であったとか,「人格の完成」という「規範的教育目的観とそこから派生する権威主義的な教育観・教師観は,『教育・指導』を『子どもの人権』に優位させる」[7]などと批判されている。しかし,自律の主体である人格は,「外からの規範に従う」のではなく,自ら立てた規範に従うのであり,この自律としての自由こそが,快を求め苦を避けるという因果律を超越した真の自由である。そして,人類だけが特権的に人権を享有することを正当化するためには,他の動物と異なり人間だけが自律の主体として「人格の完成」を目指す存在であり,そこに人間の尊厳がある,という前提に立たざるを得ない。すなわち,「人格の完成」を目指すことは憲法が規定する自由や基本的人権を根拠付ける母胎であり,それゆえ,教育の大目的ともなるのである。このような原理的反省なしに「人格の完成」の倫理的語感を忌避する風潮が根強く存在することが,ひとたび排斥された「人間性の開発」を「豊かな人間性」に姿を変えて復活させ,教育基本法1条を空文化させている背景にある。

3.「修養」の意義

　ところで,「人格の完成」は理想であり理念であるから,現実にそれを果たした人間はいない。それゆえ,「教育は,人格の完成を目指し…行われなければならない」(教育基本法1条)というとき,教育を受ける者の人格の完成を目指すべきことはもちろん,教育を施す者も自らの人格の完成を目指し続けるべきことが含意されることになる。そしてこの趣旨は,教員は絶えず「修養に励み」(教育基本法9条1項),教育公務員は絶えず「修養に努め」(教育公務員特例法21条1項)なければならないという表現でも法定されているが,これらの条項に関しても不適切な法解釈が通説化しているため

に，「修養」の意義は軽視されたままになっている。

⑴ 「研修」と「研究と修養」の混同

　教育基本法は平成18年改正法９条１項に「法律に定める学校の教員は，自己の崇高な使命を深く自覚し，絶えず研究と修養に励み，その職責の遂行に努めなければならない」と規定したが，この「絶えず研究と修養」の一句は昭和22年旧法にはなく，もともと昭和24年の教育公務員特例法19条（現21条）１項で「教育公務員は，その職責を遂行するために，絶えず研究と修養に努めなければならない」とされていたものである。

　その教育公務員特例法においては，「研究と修養」の文言は21条１項の一ヵ所だけで，他の条項では「研修」の語が用いられる。これに関し，法制定直後から文部省筋の解釈として「『研修』とは，第一項の『研究と修養』を併せて一語で呼んだ」[8]ものとされてきた。この公的解釈は学説上も支持され[9]，特に教師研修の権利性を強調し行政研修を受ける義務を否定しようとする立場からは，恰好の論拠とされた。「研究と修養」は自主的に行うものだから，それとイコールの「研修」も強制されないというわけである。文部省としては揚げ足を取られた感もあったが，珍しく行政側と反権力側の一致した解釈であるためか，今日まであまり疑問を持たれていない。

　しかし，地方公務員法では「研修」は「任命権者が行う」（39条２項）とされ，職員にとっては他律的な能力開発である。この条項は，もちろん教職員にも適用される。教特法でいう「研修」も基本的に同じで教職員にとっては他律的であるが，それに加えて，自律的な「研究と修養」の責務を宣明するのが21条１項である。それゆえ，自律的「研究と修養」と他律的「研修」は，内容的に重なるところはあっても，同じではない。学習と指導の関係に似て，行為の主体が異なるのである。

　「研修」の意味は，『広辞苑』によれば①学問や技芸などをみがきおさめること（以下「辞①」），②現職教育（以下「辞②」）であるが，法令上は専ら辞②の意味で用いる。それを「行う」のは任命権者や市町村教育委員会（地方教育行政の組織及び運営に関する法律45条・59条等）等であるから，職員は研修を「受ける」（地方公務員法39条１項，教育公務員特例法22条１項・

３項等）立場にある。

(2) 教特法22条２項の問題

　ところが一ヵ所だけ，教育公務員特例法に例外がある。22条（平15・旧20条繰下）２項の「教員は，授業に支障のない限り，本属長の承認を受けて，勤務場所を離れて研修を行うことができる」の規定である。教員が「研修を受ける」か「研究を行う」であれば，法令用語としては問題ないが，教員が「研修を行う」というのは困った表現である。「研修」の語をここだけ他の条項とは異なる辞①の意味で用いるのは混乱の元であり，避けるべきである。かといって，この「研修」も他の条項と同じ辞②の意味であるとすれば，教員が現職教育を行うというわけの分からない話になる。文部省も当初から混乱していたようで，法の施行通達には錯綜した不可解な記述が見られる。すなわち，「教育公務員特例法の施行について」（昭24・２・22発調第38号，文部事務次官通達）は，研修に関して次のようにいう（抄）。

第二　国立大学の教育公務員

　一三　研修

　　　教員は授業に支障のない限り本属長即ち学長の承認をうけて学校以外で研修を行うことが出来るものであること。

第四　大学以外の国立学校の校長及び教員

　　四　研修

　　１　文部大臣は研修について諸計画を樹立し，実施に努めなければならないものであること。

　　２　教員は授業に支障のない限り校長の承認を受けて学校を離れて研修を受けることができるものであること。

第五　大学以外の公立学校の校長及び教員

　　八　その他

　　１　研修及び他の職務の従事については　国立大学の一三，一四の例によること。但し，文部大臣とあるのは教育委員会であること。

しかし，法律の「行う」を，校種により「受ける」に言い換えるのも，公立学校を大学と同じ扱いにし附属学校等だけを異なる扱いにするのも解せない。さらに，この通達には明らかなミスがある。すなわち，公立学校は「国立大学の一三…の例による」とするのであれば「但し，学長とあるのは校長であること」等の一文が必要であるが，それがなくて「但し，文部大臣とあるのは教育委員会であること」となっている。ということは「大学以外の国立学校の四…の例による」と書くつもりだったのに間違えた，と考えられる。とすると，通達が意図したのは公立学校教員等も「学校を離れて研修を受けることができる」だったことになるが，それはあたりまえの話で，わざわざ教特法に定めるまでもないことである。

　そもそも法規定自体が，「研修を行う」ではなく「研究を行う」の間違いだったのではないか，と疑われる。「研修」と「研究と修養」が混同されていた（いる）のだから。22条2項の解釈の見直しが避けられないが，立法論としては「研修」と「研究」を峻別し，現行の「勤務場所を離れて研修を行うことができる」を「勤務場所を離れて研究を行うことができる」と規定し直すべきである。これにより，法律上の「研修」の語は全て辞②の意味（現職教育）に統一され，「研修」と「研究と修養」は行為の主体が異なることが明確になる。

　現状はこのような整理がなされていないために，人格の完成を目指すものとしての「修養」の意義は見失われかけている。

4．「教員の資質向上」の弊害

　「深い学び」の質を保障するためには，教員の質も高めなければならない。このことに関して，アメリカでいう"improving teacher quality"あるいは"upgrading the quality of teachers"に相当するものを，我が国では「教員の資質向上」などという。この表現はいつ誰が使い始めたのか知らないが，昭和22年の文部省と日教組の覚書には既にある[10]。しかし，資質は本来，生得的なものを意味し，向上はしない。言葉の意味は時代とともに変化もするから，いまや法律上の文言ともなった「資質」が誤用であるとは言いきれな

いが，以下，この日本語の不適切な使用が教員のクオリティ向上を阻害している現状を検証する。

　平成28（2016）年に改正された教育公務員特例法には，その前年の中央教育審議会答申「これからの学校教育を担う教員の資質能力の向上について（副題略）」を受け，教員等の「資質」という語が頻出する。そして，それを「向上」させるために「研修」を行うこととされている。「校長及び教員としての資質の向上に関する指標」（22条の３），指標を踏まえた「教員研修計画」（22条の４），資質の向上に関する「協議会」（22条の５），「中堅教諭等資質向上研修」（24条）など。

　しかし，『日本国語大辞典』や『広辞苑』では，資質とは「生まれつきの性質や才能」等とされている。パーソナリティの形成に遺伝的要因と環境的要因がどう関わるかはともかく，先天的なものというその語義からすれば，後天的に研修によって「資質」を向上させるというのは違和感がある。そこで，小論においては，本来の辞書的意味の場合は〈資質〉と表記し，法令等の「資質」と区別する。教員の「資質」は向上しても，人の〈資質〉は向上しない。ちなみに，人の脂質ならばすぐ高まる。かつて大学の廣瀬研究室では，ゼミの合間に皆でうまいラーメンを食べに行くことを，国の用法を揶揄して「脂質向上研修」と称していた。

　といっても，教員の〈資質〉向上が不可能なわけではない。それは何よりも国の立法や行財政施策によって実現する。昭和49（1974）年のいわゆる人材確保法の制定は，教育職員給与の「優遇措置」（３条）により「すぐれた人材を確保」（１条）した。国策で教職へのインセンティブを付与し，教員全体の〈資質〉レベルを中長期的に底上げしたのである。しかし，近年この優遇措置は大幅に縮減され，教員免許更新制と多忙化という負のインセンティブも加わり，志願者が減って〈資質〉レベルは中長期的に低落，教員不足も深刻化している。これは国の大失策なのだが，「資質は研修で向上」という呪文をかけられた国民は，この失政から目を逸らさせられている。

　もっとも，答申で多用される養成・採用・研修の過程を通じた教員の「資質能力の向上」（昭53中教審，昭62教養審，平24中教審ほか）等の表現は，

怪しいが不適切とも限らない。「養成」の入試段階や単位認定時,「採用」の選考段階では〈資質〉の低い者を排除できるし,「研修」で向上させるのは〈資質〉ではなく「能力」の方である,と読めないこともない場合がある[11]からである。しかし,「能力」をはずして単に教員の「資質の向上」(昭33中教審,昭46中教審,昭62臨教審ほか)などと言われると,救いようがない。その一方で,「資」を抜いて教師の「質の向上」(平17中教審「新しい時代の義務教育を創造する」)とされたこともあり,この表現ならば納得できる。

　このように,審議会答申では「資質能力」「資質」「質」等,さまざまな語が用いられてきたが,法律では最も不適切な「資質」になってしまう。それは平成11 (1999) 年の文部科学省設置法(現4条1項13号)等でも使われているが,教育公務員特例法に登場したのは平成14 (2002) 年。「十年経験者研修」を義務化し,「…教諭等としての資質の向上を図るために必要な事項に関する研修」(旧20条の3)と規定した。そして,平成18 (2006) 年には教育基本法にまで「…必要な資質を備えた…国民の育成」(1条),「義務教育として行われる普通教育は…基本的な資質を養う…」(5条2項)という表現が加わり,辞書とは異なる「資質」の用法は広くお墨付きを得てしまった。前述の平成28年教特法改正はダメ押しであろう。

　教員個人のクオリティ向上に係っては,主として「能力」を高める「研修」と「研究」に対し,主として「人格」を高めるのが「修養」である。〈資質〉は何によっても高まらない。ところが,法律は「研修」によって「資質」を高めるという。ここに混乱がある。

5．教員のクオリティ向上の6視点

　こうしてみると,「人格」が「能力」に貶められ,「能力」が「資質」にすり替わり,「研修」と「研究と修養」が混同され,教員のクオリティ向上について,誰がどのように担うのか混沌とした現状がある。その責務を果たすべき中心主体を6つの視点で確認し,改めて日本語本来の用法に留意して整理すると次のようになる。

a．人材確保(国):国は,立法・行財政施策により,教員としての〈資

質〉・能力ある人材を確保する。

b．養成（大学）：大学は，〈資質〉ある学生を選び，教員に必要な能力を習
　得させ人格を陶冶する。

c．採用（教育委員会）：教育委員会は，選考により，〈資質〉・能力・人格
　にすぐれた者を教員に採用する。

d．研修（教育委員会）：教育委員会は，研修を計画・実施して，教員がそ
　の職務を遂行する能力を高める。

e．研究（教員）：教員は，研修を受けるほか，自ら研究に努め，教育者と
　しての能力を高め続ける。

f．修養（教員）：教員は，教え子の人格を陶冶しつつ，自ら修養に努め，
　己の人格をも磨き続ける。

　近年，国の施策に従い，教育委員会と大学が連携した教員のb養成・c採
用・d研修の一体的改革が推進されている。しかし，dと混同されるe研究
はともかく，a人材確保とf修養は等閑になっている。ここを何とかしなけ
ればならない。

　人材確保については，国の立法施策・行財政施策の必要性を強く訴えるこ
とで，教員待遇の適正化，免許更新制の廃止，業務の削減など改善の道が開
ける可能性はある。しかし，新学習指導要領においても「資質・能力の育
成」「人間性等を涵養」などの不適切な文言が跋扈する現状においては，「資
質」「人間性」などの法令用語が直ちに改正されるとも思えない。「人格の完
成」，「研修」と「研究と修養」などに係る誤った有権解釈の見直しについて
も，それを漫然と待つわけにもいかない。教育委員会，学校，教職員等とし
ては，さしあたり，法令等の文言であっても不適切なものは使用しないよう
に努めることである。また，法理に基づく正しい解釈にしたがって地方教育
行政，学校運営や教育実践，修養等に取り組むことである。誤った解釈等に
起因する用語の混乱としては，たとえば「研究（会）」なのか「研修（会）」
なのか，使い分けが怪しい実態もある。

　そして，何よりも人格を高める「修養」の意義を，ここで改めて確認し直
さなければならない。教育委員会等が実施する「研修」は主として能力を高

めるものであるが，そこに人格を高める内容を加えることは可能であるし，望ましくもある。ただ，憲法20条３項等により国及びその機関は宗教教育・宗教的活動をしてはならないことから，研修内容には相当の制約が伴う。さらに，そもそも「研修」は教職員にとっては他律的なものであり，人格の要件たる自律性とは馴染まない側面もある。それゆえ，教育公務員・教員は自主的・自発的に「修養」に努め励み，「人格の完成」を目指し続けなければならない。それが，ニューノーマル下において，またポストコロナ期において，児童・生徒の深い学びを実現する基盤となる。

6．おわりに

ここで，児童・生徒等の自律性をどのようにして育み高めるかがあらためて問われることになるが，これは，道徳教育，キャリア教育，主権者教育などと深く関わる大きな課題である。ここではその具体には立ち入らないが，自律と他律との関わり，自由と強制について簡潔に触れておきたい。

教育における自由と強制に関しては，「生徒の豊かな精神的な発達を保障する学校で強制はなじまない」[12]という主張がある。教育において強制がなじまない部分があるのはそのとおりであるが，「教育は古い世代が定めた目標を新しい世代に強制することである」[13]という現実を見落としてはならない。自律性を育むにあたっても，強制を伴う教育指導は必要であり，他律的要素は排除されない。人格の完成を目指して修養に励む教師の背中を見せることは大切であるが，それだけで子供が自律的になるわけではない。逆説的ではあるが，他律の媒介なしに自律性は高まらず，拘束がないという意味での自由の中では，真の自由である自律としての自由を手にすることはできないのである。

繰り返しになるが，人間は誰しも人格性に高まる本性と，動物性に堕落する本性を併せ持っている。教育はこの人間性の正負両面を直視して行われなければならず，人格性を信頼し自律を後押しする場面と，動物性を正すために他律的に強制する場面とがある。自律と他律のダイナミックな交互作用の中で人間は成長するといえよう。そして，今まさに，ニューノーマルという

他律的強制が，自律性の確立を強く促しているのである。

[キーワード]

　自律性（autonomy），人格の完成（full development of personality），修
養（self-cultivation），教員の資質向上（improving teacher quality），
ニューノーマル（new normal）

〈注〉
⑴　安彦忠彦『「コンピテンシー・ベース」を超える授業づくり－人格形成を見す
えた能力育成をめざして』2014，図書文化社，p.185.
⑵　拙論「地球環境の危機と教育（連載・教育の危機管理)」『週刊教育資料』
1344号，2015，教育公論社，p.23.
⑶　三村隆男「深い学び再考－Post COVID-19を見据えて－」日本学校教育学会
『学校教育研究』第35号，2020，教育開発研究所，pp.8-20.
⑷　たとえば教育基本法の条文には「自主（性)」「自律（性)」「自立（的・心)」
の語が繰り返し登場するが，異同は曖昧で，その文部科学省英訳（試案）でも，
autonomyは自主の訳語とされ，自律と自立は区別されずにともにindependence
となっている。また，地方自治法は「地方公共団体の自主性及び自立性が十分
に発揮されるように」（1条の2第2項）というが，平成17年の地方制度調査会
答申は「地方の自主性・自律性の拡大及び地方議会のあり方に関する答申」と
いい，地方財政法にも，国は，地方財政の「自律性をそこな」うような「施策
を行つてはならない」（2条2項）とある。
⑸　『新教育基本法 国会議事録集 上巻』2008，日本弘道会，p.415. なお，強調点
は筆者。以下，本文中に引用した法令等の文言に付した強調点も同じ。
⑹　山住正己・堀尾輝久『戦後日本の教育改革 2 教育理念』1976，東京大学出版
会，p.338.（堀尾執筆）
⑺　林量俶「教育基本法の教育目的－『人格の完成』規定を中心に－」川合章・
室井力編『教育基本法 歴史と研究』1998，新日本出版社，p.119.
⑻　辻田力監修・文部省内教育法令研究会編『教育公務員特例法－解説と資料－』
1949，時事通信社，p.128.
⑼　たとえば，兼子仁『教育法（新版)』1978，有斐閣，p.319.
⑽　昭和22年，教員免許認定講習に係る日教組の反対闘争のなかで文部省と団体
交渉が重ねられ，「結局『講習会は教員の資質向上のため行なう教員再教育であ

り免状とかかわりをもたせぬ』という趣旨の覚書が交換された」（日本教職員組合『日教組20年史』1967，労働旬報社，p.71.）とされる。

⑾　たとえば，昭和53年6月16日の中央教育審議会「教員の資質能力の向上について（答申）」は，簡潔に「教員の養成・採用・研修の過程を通して教員の資質能力の向上を図ることが重要である」などというだけである。

⑿　堀尾輝久『教育に強制はなじまない』2006，大月書店，p.93.

⒀　加藤尚武『教育の倫理学』2006，丸善，p.179.

「総合的な探究の時間」における「深い学び」を目指した省察的探究と協働支援型評価

日本大学 **松田 淑子**

はじめに

　VUCAの時代[1]において，探究型の学びへの転換は時代の要請であり必然である。「総合的な学習の時間」は，「生きる力」の象徴として探究型の学びを牽引すべく，既に平成10～20年告示の学習指導要領より小・中・高等学校に新設，展開されてきた。その「総合的な学習の時間」は，平成30年告示高等学校学習指導要領において「総合的な探究の時間」に改称され，探究型の学びの強化と期待を明確にしている。

　本稿では，「総合的な探究の時間」における「深い学び」を「省察的に探究を繰り返す中で，真正の課題における本質と自己の在り方・生き方とを一体化させていく学びの〈総体〉にある」と捉えている。従って，「深い学び」を評価するには，探究の成果以上に探究のストーリーに着目し探究全体を検証することが肝要であると考える。

　本稿は，探究のストーリーに着目し，「総合的な探究の時間」における「深い学び」を省察的探究の視点から考察するとともに，生徒の探究の深まりを支援することと評価者の評価力醸成の双方を目指した「協働支援型評価」について，高大接続教育システム開発の視点から提案することを目的としている。

Ⅰ.「総合的な探究の時間」の探究事例にみる「深い学び」

1)「総合的な学習の時間」及び「総合的な探究の時間」の概観

　「総合的な探究の時間」の探究事例を読み解くに先立ち，高等学校「総合的な学習の時間」及び「総合的な探究の時間」について概観する。

　「総合的な探究の時間」の前身である「総合的な学習の時間」は，平成8年7月の中央教育審議会「21世紀を展望した我が国の教育の在り方について」（第一次答申）により示された「生きる力」，全人的教育の象徴として，自己の在り方生き方を考える探究型の学びへの転換を牽引すべく平成11年の学習指導要領改訂において新設[2]された。しかしながら，新設から約20年，高等学校における「総合的な学習の時間」は，全体としてその主旨が浸透したとは言い難く，当該時間が流用されるケースも少なからずあったことが指摘されている[3]。その一方近年，過疎化などの地域課題やニーズと合致し実践的探究を展開する高校や，文部科学省スーパー・グローバル・ハイスクール事業等と連動し，企業や海外ともつながるダイナミックな探究を展開する高校も拡大している。予想を超えた高校生の力と，そのような学びをデザインし支援できる教師力，学校力などが具体的実例として伝播し，探究モードの学びへの転換を踏み留まっていた高校に影響を及ぼし始めたのであろう。

　高校現場における「総合的な学習の時間」はその取り組みが急展開する中，平成30年告示の学習指導要領において「総合的な探究の時間」と改称された。「総合的な探究の時間」は，平成30年8月31日の特例告示に基づき平成31年4月1日からの移行期間において既に平成31年度新入生から学年進行で実施されている。

2)「総合的な探究の時間」における「深い学び」の捉え

　学習指導要領では，「深い学び」の鍵として「見方・考え方」を働かせることが重要になるとしている。「見方・考え方」とは，「その教科等ならではの物事を捉える視点や考え方」であり，「総合的な探究の時間」においては以下のように示されている。

　　各教科・科目等における見方・考え方を総合的・統合的に活用して，広範
　で複雑な事象を多様な角度から俯瞰して捉え，実社会・実生活の課題を探究し，
　自己の在り方生き方を問い続けるという総合的な学習の時間の特質に応じた
　見方・考え方を，探究の見方・考え方と呼ぶ。

　また，「探究とは，物事の本質を自己との関わりで探り見極めようとする
一連の知的営みである」とし，【課題の設定】【情報の収集】【整理・分析】
【まとめ・表現】といった探究の過程により，自らの考えや課題が新たに更
新され，探究の過程がスパイラル上に繰り返される「探究における生徒の学
習の姿」が図示されている。
　これらを踏まえ本稿においては，「総合的な探究の時間」における「深い
学び」とは，「省察的に探究を繰り返す中で，実社会・実生活でのリアルな
真正の課題における本質と自己の在り方・生き方とを一体化させていく学び
の〈総体〉にある」とする。
　「総合的な探究の時間」は，真正の課題に挑むことを期待しつつも，単に
その解決を提案することが目的ではない。真正の課題を如何に自分ごととし
て捉え，本質的な解決に向け実践できるか。そのためには探究全体を，そし
て自己を俯瞰し省察的に捉えなおしながら探究を繰り返し続けることが重要
であり，一連の探究プロセスの〈総体〉に深い学びがあると捉える。従って，
その評価もまた，導き出された結果そのものではなく，真正の課題を自分ご
とと捉え挑み続ける探究のストーリーの〈総体〉に対してなされるものと考
える。

3）探究のストーリーを「深い学び」の軸で評価する

　「深い学び」の探究例として，福島県立ふたば未来学園高等学校[4]「未来
創造探究」（当時：総合的な学習の時間）平成31年度生徒研究発表会におい
て優秀賞に選ばれた，美容師を目指す男女2名（田口未来さん，遠藤聖弥さ
ん）のチームによる『美容でいきいきプロジェクト』（「福祉と健康探究」ゼ
ミ）を取り上げる。
　同校では，1年次に「ふるさと創造学」（産業社会と人間）において，

フィールドワークを重ね地域の課題を見出だし，演劇で表現する活動を積み上げている。その土台と課題意識のもと，2年次～3年前期には，地域住民の方々や行政と連携しながら，地域復興に向けたプロジェクト型の探究実践を展開している。生徒は6つのゼミ（「原子力防災探究」「メディア・コミュニケーション探究」「再生可能エネルギー探究」「アグリ・ビジネス探究」「スポーツと健康探究」「福祉と健康探究」）のいずれかに属し協働しつつ，各生徒が複数名のグループまたは一人で探究し，地域再生の実践を行う。3年次には，国内外での発表や提言，及び探究論文作成を行っている。[5]

　図1は，口頭発表内容と発表者が作成したPP画面からの情報にできる限り忠実に，筆者が探究のストーリーを再現したものである。以下に，その探究のストーリーの確認と「深い学び」に対する評価を行う。

　『美容でいきいきプロジェクト』の活動は，フィールドワークで感じた疑問に基づく課題意識と自身の将来の夢をかけ合わせた事をテーマに始まった。実践活動の中で起こった想定外のエピソードに対してその場で考え，行動し，振り返ってきた。これはドナルド・A・ショーンが示す専門家の知恵さながらの「行為の中の省察」[6]とみなすことさえできよう。図1の②のエピソード①②では，男性の来場や突然の化粧の要求に対し「できません」ではなく，本来の自分たちの目的に立ち戻り今この場でできることを考えピンときたこと，ホットタオルで顔や体を拭くという行動をとってきた。彼らのプロジェクトは高齢者にネイルを施すことが真の目的ではない。美容で高齢者がいきいきしてもらうにはと考え，行動することを通して，自分自身の美容観を問い直し成長させている。エピソード③では，回を重ねるごとにネイルを見せ合いだす高齢者の行動の変容も見とることで「さらに心が健康になるためには何が必要なのだろう」とプロジェクト課題の枠組みを拡大して考えている。このように，実践の渦中で起こるエピソード対応と事後の省察の繰り返しにより，自身の在り方生き方と照らし合わせながら課題の意味が深く掘り下げられ，両者が根底でつながっていくのである。プロジェクト活動後に改めて活動全体を俯瞰し成果と課題を確認した後，「自分たちの取り組みが，日本や社会全体や世界全体の，何につながる（役立つ）か」（⑤）という視点で

【『美容でいきいきプロジェクト』探究のストーリー】

① **【課題発見とプロジェクト計画の立案】**
　　１年次に行った地域フィールドワークや調査により見えた現状は高齢者が多い地域にもかかわらず高齢者の姿の少ないまちの様子であり，まずその理由をアンケート調査により明らかにした。上位を占めた２つの理由「用事がなくなった」29.9％と，「外での楽しみがない」21.8％に着目し，高齢者が外に出る用事であり楽しみとなることと，美容師になりたいという自身の将来への思いを重ね合わせ「美容でいきいきプロジェクト」を計画し，高齢者対象のネイルサービスを中心とした活動を数回実施することとした。

② **【プロジェクト活動の中で起こったこと】**　いくつかのエピソードがあった。
　　エピソード①：男性が来場するも，ネイルは不要とのこと。どうしようかと困ったが，その場でできることをしようと思い，ホットタオルで顔を拭いてあげた。「さっぱりした。ありがとう。心も元気になる。」と言ってくれた。
　　エピソード②：ネイルをしながら話していると，化粧もして欲しいと言われたので，自分のメイク道具でしてあげた。私は何かおかしいなと感じたが，本人はニコニコして喜んでいた。
　　エピソード③：はじめの頃は誰も喋らず黙っていたが，回を重ねるうちに高齢者同士がネイルを見せ合いだした。

③ **【プロジェクト活動の中で上がってきた課題】**
　　課題①：あまり話すことのできない高齢者にどう対応するべきか。
　　課題②：「私は化粧しなくていい」という方には，どう勧めるべきか。
　　課題③：さらに心が健康になるためには何が必要なのだろう。

④ **【プロジェクト活動を終えてまとめた成果と課題】**
　　成　　果：高齢者が笑顔になり，喜んでくれることがわかったこと。
　　課題①：高齢者はどんなメイクやネイルを求めているのか。
　　課題②：高齢者の外出につながるためには他に何が必要か。

⑤ **【最終まとめ：プロジェクト活動の省察と思い】**
　　「自分たちの取り組みが，日本や社会全体や世界全体の，何につながる（役立つ）か」⇒メイクやネイルは，綺麗になるだけではなく手指の衰えを防いだり，健康増進にもつながるのだとわかり，美容のすべてが長生きや健康増進，楽しみになると思った。日本は最も少子高齢化が深刻化している国なので，このプロジェクトは，自分の進路に役立ったし，自分の身近な高齢者の心と体を少しでも健康にできると思った。
　　「このプロジェクトをやって自分が成長したこと」⇒自分たちが知らなかったことをたくさん学べたこと，単純に高齢者と触れ合う機会も増えたこと，実践した後に笑顔になってくれたり，「ありがとう」の言葉をもらえたりしたことで，これから若者だけでなく高齢者の美容について学びたいと思えたこと。このプロジェクトで学んだことを生かし，役に立っていいきたいと思えたこと。

【思いの変化】美容師になりたい ⇒ 人に喜ばれる美容師になる！

図１　『美容でいきいきプロジェクト』探究のストーリー

再度自分自身の学びをメタ認知した。こうして，幾重にも省察的探究が繰り返される中で，地域の課題が社会や世界の真正の課題につながると共に，自分自身の取り組みの価値とこれからの自身の将来の方向性を自覚化していく。「美容師になりたい」から「人に喜ばれる美容師になる！」への変化は，まさに深い学びの賜物であろう。

　同校の教育目標には「新しい生き方，新しい社会の建設を目指し，グローバルな視点でこれまでの価値観，社会のあり方を根本から見直し，地域や世界を舞台にして，自らを変革し，社会を変革していく「変革者」を育成する。」であり，OECDがLearning Compass 2030において新しいコンピテンシーとして加えた「より良い未来の創造に向けた変革を起こすコンピテンシー」の趣旨と極めて類似している。そのため，必然的に彼らが歩んできた学びのプロセスもまたOECDが新たなコンピテンシーを育成する触媒として提案した反復的な学習プロセス「見通し・行動・振り返り（AAR－Anticipation-Action-Reflection）」サイクルと合致していることも見逃せない。

　本発表会において，他の発表内容も実践を伴う素晴らしいものが目白押しであった。地元住民と真摯に向き合い継続的な活動を展開するチームや，グローバル時代にふさわしい海外や企業とつながったダイナミックな探究も少なからず見受けられた。同校においては，教師や生徒を取り巻く人々もまた，「行為の中の省察」を繰り返し，生徒たちの探究を見守り，支援し，そして組織する。探究に真摯に取り組む学校ではいつも，教師の姿と生徒の姿は相似形であることに気づかされる。

　招聘された審査員，招待された中学生たちをはじめ，公開された発表会に参加した多様な人々の投票により彼らの探究が優秀賞に選ばれた。活動の中でその都度繰り上げられていく地に足の着いた彼らの探究のストーリー全体が深い学びにつながっていることを多くの参加者が見とり，評価したのであろう。

　探究の深まりを真に評価しようとする時，能力や活動ごとにパーツで区切ったり，点数化して合計したりすることに筆者は違和感をもつ。勿論，沢山の評価をできる限り客観的にしなければならない時などに有効であること

は承知しているが，評価に悩む教師たちには，まずはじっくり生徒の探究の
ストーリーに寄り添って，その深まりを見とって頂きたい。

　次節では，このことを念頭に，学びの環境としての評価システムについて
考えていきたい。

Ⅱ．「深い学び」の実現に向けた「協働支援型評価」の提案

1）高大接続教育改革への要請と希求

　前述したように，高等学校における「総合的な探究の時間」の充実，推進
が急速に進んでいる。他方，平成11年12月中央教育審議会「初等中等教育と
高等教育との接続の改善について」の答申で俎上に上がった高大接続改善の
議論は，平成26年12月答申「新しい時代にふさわしい高大接続の実現に向け
た高等学校教育，大学教育，大学入学者選抜の一体的改善について」により，
正答に関する知識の再生を問いその結果の点数で選抜する評価から転換しき
れていない一般入試，本来の趣旨・目的に沿ったものとなっていないAO入
試や推薦入試など，大学入学者選抜における課題が指摘された。翌平成27年，
文部科学省より高大接続改革実行プランが示され，平成28年には文部科学省
高大接続システム改革会議「最終報告」により，高校改革・大学改革・高大
接続改革，三位一体の改革について具体方策が打ち出された。さらに平成29
年の「平成33年度大学入学者選抜実施要項の見直しに係る予告」では，大学
入学者選抜に係る新たなルールとして，学力の三要素[7]を多面的・総合的に
評価するものへと改善することが明示された。高校教育改革の大きな障壁と
されてきた高大接続改革は，高等学校教育に大きな影響をもたらす。注目さ
れていた大学入学共通テストの制度不備により現在一時混迷してはいるもの
の，高等学校教育，大学教育，大学入学者選抜の一体的改善が喫緊の課題で
あることは間違いない。

　平成26年答申では改革の推進に当たり留意すべきこととして以下のように
示している。

「高大接続」の改革は，「大学入試」のみの改革ではない。その目標は，「大
学入試」の改革を一部に含むものではあるが，高等学校教育と大学教育にお
いて，十分な知識・技能，十分な思考力・判断力・表現力，及び主体性を持っ
て多様な人々と協働する力の育成を最大限に行う場と方法の実現をもたらす
ことにある。[8]

　高大接続改革とは「大学入試」のみの変更ではなく，生徒の育成の場と方
法を創造する教育改革だと捉えることができる。これらを受け，お茶の水女
子大学の「新フンボルト入試」や北陸大学の「21世紀型スキル育成AO入試」
など，育成を核とした大学入試が進行してきた。とりわけ西郡ら佐賀大学
チームによる「継続・育成型高大連携活動カリキュラム」は，高校生の学び
のリフレクションを前提とした継続的なカリキュラム開発・実践であり，今
後一学部の取組を越え，大学全体に拡張することが期待されている。

2)「高大接続ラウンドテーブル」プログラム案の開発と実践

　ここでは，高校生の探究を深めるために長年取り組み，開発，実践した高
大接続「教育」プログラムの1モデル「協働支援型評価」を提案する。
　筆者は平成24年度から27年度まで福井大学において，先進的に探究的な学
びに取り組む全国の高校をつなぐ「福井大学高大連携ラウンドテーブル」を
開催してきた（松田，2014）（杉山，2016）。スタートは，全国に極少数点在
する，探究的な学びの実現と組織化に向け奮闘している高校教師たちをつな
ぎ，互いに学び合うための教師の場を創りたいという思いから始まった。そ
れが，学び手である生徒もつなぎたい，高校生自身が探究実践を語って欲し
いという思いへと膨らみ，教師も高校生もそして大学教員もともに探究を共
有し価値づける場へと拡張した。開催ごとに省察的に改善しその時々の状況
に合わせてコンセプトや活動，対象者を考え実践をつなぐ中で，徐々に高大
連携の拠点であり，知の拠点，ハブとしての大学等，大学の存在意義に迫る
ものへと発展した。さらに将来的な大学入試改革に至るまでその射程は拡
がった。実際，その後に「福井大学高大連携ラウンドテーブル」は大久保に
より新たな価値を取り入れつつ福井大学の入試改革に取り入れられた（大久

保，2016)。

　一方，「福井大学高大連携ラウンドテーブル」の主旨は，筆者の転出により平成29年度から「金沢大学高大接続ランドテーブル」として受け継がれ再スタートした。既に進行していた金沢大学における特別入試改革（高大接続プログラム）案の一環として位置づいた[9]。

　以降は，この「金沢大学高大接続ランドテーブル」に焦点を当て論じる。はじめに，本プログラムの考案にあたり重視した3つの視点について提示し説明する。

　　・視点①　高校生の「探究」の支援を軸としたプログラム内容
　　・視点②　高校生の「省察的探究」を生成する「ラウンドテーブル」手法
　　・視点③　多様な参加者による協働評価の場としての「ラウンドテーブル」手法

　視点②③のラウンドテーブル手法は，福井大学において平成13年より継続開催されている「実践研究福井ラウンドテーブル」に依拠し，多様なメンバーによる小グループの中で高校生や大学生（語り手）が自身の探究実践を振り返りながらじっくりと語り，メンバー全員で聴き合うことで省察を深めるスタイルを踏襲している。この「ラウンドテーブル」手法は，ショーンの「省察的実践」を背景とし，柳澤らが「専門職として学び合うコミュニティ」の実現のために編み出したものである。柳澤は「ラウンドテーブル」を「実践の歩みを振り返り，その展開を跡づけ，一人ひとりの成長，自身の実践者として歩みを問い直そうとする語り手と，その長い展開からより深く学び取ろうとする聴き手が出会う（中略）協働省察の場」と価値づける（柳澤，2015)。本プログラムは，専門職の学びに有用である「ラウンドテーブル」の手法を探究実践者にも転用させた試みである。

　視点①②を通して，デューイの「探究」における「振り返り反省することの重要性」（藤井，2010）を理論的枠組みとした「省察的探究」を重視し設計した。高校生が，自身の実践してきた探究のストーリーを世代も立場も異なる初めて出会う他者に語るには，探究全体を俯瞰し，自身をメタ認知し，

深く省察することが不可欠となる。さらに聴き手が発する質問に答えることや感想を受け取ることで自身の探究の意味づけ価値づけがさらに高次なものとなり，深い学びをもたらす。同時に，「ラウンドテーブル」手法により，聴き手は協働省察者として位置づくことになる。視点③高校生や大学生らの語る探究ストーリーの共有は，聴き手にとっても探究を見とり，支援し，評価するための力量形成の場として大きな学びをもたらすのである。

新しい学力観に対応した大学入試に関わる研究として，西郡の「教育プログラム一体型」入試の開発や大久保らによる探究力を評価するルーブリック開発（大久保，2018）等があるが，いずれも評価する側される側の構図を脱していない。本ラウンドテーブルでは，高校生や大学生と教職員がフラットな形で共に探究を省察し，学び合うことを期待している。そのような関係性と探究のプロセスを共有する中で行われる評価の信憑性に価値を見出しているからである。ハーグリーブスは，知識社会の教師にこそ「専門職の学び合うコミュニティ」の必要性を説いている（ハーグリーブス，2015）。「ラウンドテーブル」により，高校生の学びの深まりはもちろん，高校生の「省察的探究」を協働的に支える中で教師の専門職としての力量形成を果たす効果が期待できる。

以上のような視点を持たせた本プログラムの目的は，「探究的な学びに先進的に取り組んできた高校生らが学びのプロセスを語り，聴き手と協働して「学びの転換」を推進する基盤づくり，ネットワークづくりを図ることを目的とする」としている。グループメンバーの構成は図２の通りであり，多様なメンバーによる学びのコミュニティとなるよう設計した。

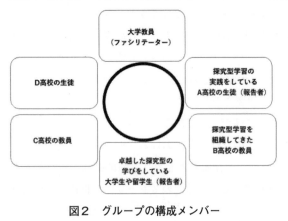

図２　グループの構成メンバー

3）「金沢大学高大接続ラウンドテーブル」の省察

ここでは，平成30年２月に実施した初回「金沢大学高大接続ラウンドテーブル」について省察する。参加者を対象とした事後アンケートや成果物等による客観的な検証は別稿に示すため，本稿では，実行委員による省察とそれに基づく成果と課題について簡略に示す。

参加者127名は，北海道から九州におよび，県外参加者は全体の半数近くに上った。はじめの緊張感は全体ウォーミングアップセッションによりほぐれ，その流れの中でグループ実践報告が始まった。その後は終始各グループで活発なディスカッションや議論が展開されていた。事後，参加者から自発的に多くのレポートや感想が寄せられた。それらの中には，教員や参加高校生がその後自ら探究活動に挑戦したことを伝える内容も多く，本ラウンドテーブルのインパクトにより参加者の実践的学びを引き起こしたことが推察された。一方，高大接続における自身の価値観の変容をメールで示してくれた大学教員は，その後，自身の所属する学部の入試改革に高校生と大学生による「ラウンドテーブル」を取り入れ実践した。高校生の探究的な学びの事実を体感することが大学教員の意識変革を起こし，高大接続改革の実現となり得ることも確認できた。取材兼参加のマスコミ関係者の雑誌記事や高校教員自身の論文等への引用には，本ラウンドテーブルの高大接続への可能性の評価や，学び合いのコミュニティに対する評価，高校生や教員の成長や変容を促す効果について記載されており[10]，本ラウンドテーブルは一定の成果を得たと推察された。その他，教員研修の講師として実行委員が高校に招聘されることも多くなり，現実的な高大のつながりを果たすとともに，教員研修機能としても成果があったことも確認された。

実行委員と一部参加者による評価からではあるが，本ラウンドテーブルは一定程度の成果と評価を得ることができたと考えられる。客観的成果の検証に基づき，拡大継続していくことが今後の課題である。

おわりに

本稿では，「総合的な探究の時間」における「深い学び」を「省察的に探

究を繰り返す中で，真正の課題における本質と自己の在り方・生き方とを一体化させていく学びの〈総体〉にある」と捉え，高校生の探究ストーリーを通して深い学びの検証を行った。実践の渦中で起こるエピソード対応と事後の省察を繰り返す「省察的探究」により，自身の在り方生き方と照らし合わせながら課題の意味と自身の思いが深まることを確認できた。

　一方，生徒の探究の深まりを支援することと評価者の評価力醸成の双方を目指した「協働支援型評価」について，高大接続教育システム開発の視点から実践，提案した。

　「省察的探究」と「協働支援型評価」によって「総合的な探究の時間」における探究の学びの深まりが全ての学び手に実現することを祈念するとともに，今後も尽力し続けたい。

［キーワード］

　総合的な探究の時間（Period for Inquiry-Based Cross-Disciplinary Study），深い学び（Deep Learning），探究（Inquiry-Based Learning），省察的探究（Reflective Inquiry），協働支援型評価（Collaboration-Assisted Evaluation）

〈注〉

(1)　Volatility（変動性），Uncertainty（不確実性），Complexity（複雑性），Ambiguity（曖昧性）の頭文字をとったものであり，先行き不透明で将来の予測が困難な時代を指す。OECD Education 2030においても現代社会を表す用語として用いられ，新学習指導要領にも引用されている。

(2)　平成11年告示高等学校学習指導要領総則第４款において「総合的な学習の時間」の目標が示された。

(3)　平成21年告示高等学校学習指導要領解説においては，特定の教科の補充学習や運動会の準備等に充てられる例が多発してきたことが指摘されている。中央教育審議会平成28年12月21日答申「幼稚園，小学校，中学校，高等学校及び特別支援学校の学習指導要領等の改善及び必要な方策等について」においても，「高等学校に関しては，地域の活性化につながるような事例が生まれている一方で，本来の趣旨を実現できていない学校もあり，小・中学校の取組の成果の上に高等学校にふさわしい実践が十分展開されているとは言えない状況にある」

と特筆されている。

(4) 同校は，平成25（2013）年７月に策定された「双葉郡教育復興ビジョン」の柱の一つとなる中高一貫教育の高校部分として平成27（2015）年４月に先行開校した総合学科の高校である。「自らを変革し，地域を変革し，社会を変革していく「変革者」を育成する」を教育目標とし，未来創造型教育を展開する。平成27年度〜令和元年度，文部科学省「スーパー・グローバル・ハイスクール事業」指定校。令和２年度〜，文部科学省「地域との協働による高等学校教育改革推進事業（グローカル型）」指定校。

(5) 同校HP，学校パンフレット，日本生活科・総合的学習教育学会平成30年度シンポジウム南郷市兵氏（同校副校長）による発表資料より。

(6) ドナルド・A・ショーン，柳沢昌一（翻訳），三輪建二（翻訳）（2007）『省察的実践とは何か—プロフェッショナルの行為と思考』におけるreflection in action

(7) 平成19年６月に改正された学校教育法において，学力の三要素（「知識・技能」「思考力・判断力・表現力」「主体性を持って多様な人々と協働して学ぶ態度」）が規定された。

(8) １．我が国の未来を見据えた高大接続改革 (4)高大接続改革を推進するに当たって留意すべき点 P9 より引用。

(9) 当時の入試専門委員である風間（金沢大学入試課入試専門委員，前金沢大学附属高等学校副校長）が実行委員長となり，筆者のほか，杉森公一，井上咲希，中野正俊が実行委員となった。本取り組みを核とした，科学研究費基盤研究C（一般）『「省察的探究」と「ラウンドテーブル」の融合による高大接続教育モデルの実証研究』が平成31年度採択され研究中である。代表者は筆者，分担者は杉森，井上，中野。

(10) 廣瀬志保「探究を探究する」や，キャリアガイダンス（リクルート）2017年12月号など。

〈文献〉

アンディ ハーグリーブス Andy Hargreaves（原著），木村優（翻訳），篠原岳司（翻訳），秋田喜代美（翻訳）（2015）『知識社会の学校と教師』金子書房

浅野光俊・須本良夫（2011）「主体的に社会事象に問いかけ探究する子どもの育成を目指して」『教師教育研究』2011-03, 31-40

中條安芸子（2011）「高校と大学の教育的接続　７年間で考える協働的接続プログラムのあり方」『大学教育学会誌』33(2), 144-149.

ドナルド・A. ショーン　Donald A. Schön（原著），柳沢昌一（翻訳），三輪建二（翻訳）（2007）『省察的実践とは何か—プロフェッショナルの行為と思考』鳳書房

藤井千春（2010）『ジョン・デューイの思考論—知性的な思考の構造的解釈』早稲田大学出版部

廣瀬志保（2018）「「探究」を探究する13　探究と研究をデザインする①　大学の取組み」『月刊高校教育』学事出版2018.4，56-59

廣瀬志保（2018）「「探究」を探究する16　探究と研究をデザインする②　報告された探究とその後」『月刊高校教育』学事出版2018.7，56-59

松田淑子（2015）「大学生・高校生・ベトナム学生による課題探究型協働学習『グローバルコラボレーション』の実践と省察—大学生と高校生のアクティブラーニングによる高大連携の試み—」『教師教育研究』Vol.8，287-292

松田淑子（2014）「協働探究型の高大連携実践から拓く大学入試改革への展望」『福井大学高等教育推進センター年報』No.4，47-60

松田淑子（2014）「連携を中心とした高大接続の在り方へ〜福井大学 高大連携ラウンドテーブルの試み〜，高校改革の事例から探る高大接続の在り方」『文部科学教育通信』No.333，教育新社2014，20-21

松田淑子（2012）「教育改革と高大接続，大学は今」『週刊教育資料』2012年6月号No.1210，No.1212，28-29

大久保貢，森幹男，中切正人（2018）「探究力に対するルーブリック評価の開発」『大学入試研究ジャーナル』28，53-59

杉山晋平（2016）「高大接続改革をめぐる課題とその実践的展望—高大連携ラウンドテーブル事業のあゆみをふりかえって—」『福井大学高等教育推進センター年報』No.5，29-54

柳澤昌一（2015）「ラウンドテーブルの構成と意味」『教師教育改革コラボレーション報告書』福井大学大学院教育学研究科教職開発専攻（教職大学院）2-4

第2部

自由研究論文

自閉症スペクトラム障害の可能性のある 児童生徒を主体性の形成からみた指導
―現象学的人間学の視座から―

日本大学　**土屋　弥生**

1．問題の所在

　学校教育現場には多くの問題や課題が山積している。そのなかでも発達障害の可能性のある児童生徒に対する対応や指導については，教師たちの真摯な取り組みにも関わらず有効な方法が見当たらず，多くの教師が困難を感じている[1]。

　文部科学省（2012）の「通常の学級に在籍する発達障害の可能性のある特別な教育的支援を必要とする児童生徒に関する調査結果について」によれば，知的発達に遅れはないものの学習面又は行動面で著しい困難を示すとされた児童生徒は推定値6.5％となっているが，「通常学級における発達障害の可能性のある児童生徒」については担任等が指導のなかでそのように感じることが調査の基準となっており，医師による診断を経たものが対象ではない[2]。このことは通常学級で担任が関わるなかで「発達障害の可能性がある」と感じる児童生徒が，実際には未診断の場合が多いことを示していると考えられる。

　さらにこの調査においては，この6.5％の児童生徒の9割以上が，「通級指導」や「特別支援学級での指導」を受けたことがないという結果も示されている[3]。医療機関を受診し，発達障害と診断されている場合は特別支援教育につながりやすく，指導の現場においても発達障害の特性に対応する支援・配慮をおこなうことが可能となり，合理的配慮をともなう指導や通級指導等，具体的な指導内容について保護者の同意を得やすくなると考えられる。その

一方で前述の調査結果をふまえると，現場の教師が発達障害の可能性に気づき特別な教育的支援の必要性を感じていたとしても，実際には通常学級における支援・指導が中心となり，特別支援教育にはつながっていないことが多いという現実が見えてくる。

　これらの児童生徒について手続きを経て特別支援教育につなげるべきであるという立場もある。しかし，小谷（2012，46頁）が指摘しているように，教師の学校での発達障害の“気づき”から「みなし診断」を経て支援に至る際には，まず保護者の同意が必要なため，学校には保護者の“気がかり”，“気づき”の確認が求められるといった大きな課題がある。実際には，自分の子どもの発達障害に気づいていない保護者も，さらには気づいていてもそれを受けとめられない保護者も見られる[(4)]。よって，保護者の同意を得て特別支援教育につなげるということ自体にハードルがあるともいえるだろう。その場合，当該児童生徒が発達障害であるという前提で対応することができないため，通常学級においてどのような教育的支援や配慮をおこなうかは，現場の教師に委ねられてしまうことになる。

　辻井（2013，60頁）は，通常学級で特別支援を進める際に診断があるかどうかを基にして特別支援を行うかどうかを考えるのはナンセンスであるとし，子どもの問題行動を家庭環境の問題や本人の意欲の問題ととらえるといった偏った視点が教育現場には根強いと指摘している。また文部科学省（2012）の調査の中でも，発達障害の可能性のある児童生徒についての教師側の観点として，例えば「共感性に乏しい」，「仲の良い友人がいない」，「周りの人が困惑するようなことも，配慮しないで言ってしまう」など当該児童生徒の負の面，問題行動があげられている。すなわち，従来の教育現場では「発達障害の可能性がある児童生徒」は，一般の児童生徒とは異なる特徴や問題をもつ者としてとらえられており，その問題行動を是正することを目指すという教師の教育姿勢が見えてくる。また，現場の教師がこのような児童生徒の指導について戸惑っていて，懲戒ではない適切な指導をおこないたくてもどうしたらよいのかわからないという現状も報告されている[(5)]。

　さらに，自閉症スペクトラム障害の当事者として研究を進めている綾屋

（2013, 55頁）は，「本ばかり読んでいないでもっとお友だちとおしゃべりしておいで」，「そんなことを質問してくるなんて，ちゃんと話をきいていなかったお前が悪い」という親や教師の常套句はピンとこない的外れなものだったため，正しいことが何かわからず，親・教師に対しても自分自身に対しても不信感をつのらせていったと，自身の学校生活を振り返っている。綾屋（2013, 55頁）のエピソードは，教師は当該生徒に対して指導によって「一般的な」，「普通の」生徒のようになってほしいと思いそのような指導を実践するが，実際には効果がない（むしろ逆効果）という典型的な事例である。このように，教師が現場で想定している当該児童生徒のあり方と，自閉症スペクトラム障害の児童生徒が実際に生きる世界のあり方には大きな隔たりがあり，かみ合っていない実態が見えてくる。

2．研究の目的と分析視座

　発達障害にかかわる従来の研究では，おもに心理学・精神医学の知見に基づいて自然科学の観点から究明が進められてきた。言うまでもなくその成果は大きいが，前述したように教育現場の問題がすべて解決できているとは言えない。通常学級における特別支援教育について浜谷（2012, 92頁）は，「発達障害児の指導について，現場では，教師が子どものことを医療や心理学用語で語るようになり，医療的，心理学的な技法が直接的に児童生徒に適用されるという状況が広がってきていることを危惧する声がある」と述べている。そこで，本稿では現場の問題解決のための新たなアプローチとして現象学的人間学を用いることを着想した。精神病理学者のビンスワンガー（Binswanger,L. 2019, 11-62頁）は，「現象学的人間学」とは「本質直観」という現象学的方法を用いて，「人間の本性」に人間の実存の自然科学とは異なる「意味」や「価値」といった視点から迫ろうとする「人間学」の総称であるとしている。この分析視座によって明らかになる事実は，新たな指導視点の構築をもたらすと考えられる。

　以上のことをふまえて本稿では，医療機関等で発達障害の診断を経ていない，未診断の，特に自閉症スペクトラム障害（Autism Spectrum Disorder,

以下にASDと記す）の可能性のある児童生徒に対する理解や効果的な指導について現象学的人間学の視座から検討をおこない，このような児童生徒への新たな指導視点と指導方法論を提示することを目的とする。なお，指導方法論については定型発達者である教師がASDの可能性のある児童生徒を指導するという場合を想定している。

3．ASD者の世界

　初めに，ASDの人たちが実際にはどのような世界に生きているのかを確認しておきたい。

　清水（2018，342-343頁）は，ASD者について，「自己」が準備されていない人という表現を用いている。そして，ASDなどの発達障害を持たない定型発達者たちのほとんどは，「わたし」というものがいることを疑ってはおらず，「わたし」の在り方は誰においても同様に成立していると信じているのではないかと述べている。しかしそのような「わたし」は，じつは，定型発達者と呼ばれるある条件を持った人々に特異的な，ある意味では特殊なものである可能性があることを指摘している。

　また，内海（2015，83-99頁）によれば，ASD者の世界は，「奥行き，あるいは外部性がない，それゆえ，今みえている場面にはりついてしまい，それがすべてとなる」世界であり，「自己と他者が明確に区分けされていない。こちらからのかかわりは，届かない。あるいは素通りしてゆく。ぶつかって跳ね返ってくるような，あるいはお互いにあいうつような反応がない。他方，彼らからみた世界は，どこまで行っても他者に突き当たらない。そこには，他者からの反響がない。他者の視点を得ることによって，世界が陰影のある立体的な像を結ぶこともない」という「反転しない世界」である。これは，定型発達者からみればいわゆる「対人相互性の障害」とされるものである。

　以上のように，ASD者の世界は明らかに定型発達者の世界とはちがう。しかし，「定型発達者の世界のフィルター」を通さずにそのままを見てみれば，それは「欠陥」ではなくその人のもつ「世界」でしかない。「世界」は「世界」として受けとめる必要がある。すなわち，実際の指導場面において

も教師にはASD者の「欠陥を補う」ことが必要なのではなく，ASD者が生きていくために環界との接触面でその都度，不断に形成する存在のあり方，つまりヴァイツゼッカー（Weizsäcker,V.v.）の意味での主体性[6]そのものを受けとめ，「その人の世界で起きていることをよい方向にいくようにする」という姿勢が求められることになる。

4．ASD者の教育的理解

前述したような「ASD者の世界」すなわちASD者の主体性の形成様相を踏まえることは，ASDの可能性のある児童生徒のアセスメントとその児童生徒に合った指導や支援を考えるうえで重要な前提となる。

教師が現場で指導をおこなう際に，当該児童生徒が「発達障害なのか，発達障害ではないのか」を明確にしたいと考える傾向があるように思うが，前述のように，通常学級で指導をおこなう場合には未診断である児童生徒が対象となるため，医療的な意味での障害の有無は明確にされていない状態であることがほとんどである。しかし一方では，これらのいわゆるグレーゾーンの児童生徒の指導については現場の教師自身が判断し，見立てていく必要に迫られている。つまり現場の教師には児童生徒について「医療的な診断」ではない，指導上必要となる「教育的な見立て」が求められることになる。したがって，その際には児童生徒の生きる「世界」を前提とした教育的理解を構築しなければならない。

例えば，医療的診断のない「曖昧」な状態のなかで指導や対応を考えるとき，発達障害の可能性のある児童生徒が「……が苦手」，「……ができない」というように，定型発達の児童生徒と比較したときにあらわれる外面的な現象をとらえ，その部分（外面的な現象としてあらわれた不適切なこと）を修正し，改善するための手立てを講じようとするような，結果として対症療法となってしまうような指導がある。あるいは，相手にとって失礼なことや不都合なことを言ってしまい人間関係のトラブルを抱えやすい児童生徒がいた場合，教師は当該児童生徒に対して「相手の気持ちになってみることが大切である」，「もし自分がそういうことを言われたらどう思うか」といった情緒

面にうったえるような指導がおこなわれる可能性がある。前述の綾屋（2013，55頁）の事例でも，指導する教師の側にこのような立場が見られた。一見，このような指導は丁寧な働きかけのようにもみえるが，綾屋（2013，55頁）の事例のように当該児童生徒には届かない。

特にASDという名称にもあるように，障害のありようはスペクトラム（連続体）であり，すなわち障害のあらわれ方は個々にさまざまである[7]。したがって，「ASD者の世界」は一つにくくられるものではなく，その世界もまた一人ひとり異なる。ASD者の特性やたまたまあらわれた外面的な現象に対して，マニュアル通りに（場当たり的に）手を打っていくという考え方自体が，ASDの可能性のある児童生徒の多様な世界をともなう実態にそぐわないのであり，下手をすれば講じた手立てによってかえって当該児童生徒が混乱してしまうことさえある[8]。このような状況を打開するために，以下では現象学的人間学を基盤としたASDの可能性のある児童生徒理解に基づく指導の方向性について考察したい。

5．求められる指導の方法

現場の教師がASDの可能性のある児童生徒の指導を見立てることについて，「医者でも専門家でもないのに，教師が発達障害かどうかを見分けることはできない」，「一方的に児童生徒を発達障害だと決めつけるのはよくない」といった意見もあるだろう。しかし，前掲の文部科学省の調査（2012）の結果にもみられるように，現場で指導を実践する教師たちはしばしば「この児童生徒は発達障害なのではないだろうか」と気づいている。

現象学者である村上靖彦（2008，viii頁）は定型発達者が「自閉症児と出会ったときには，ある特定の感覚が生じる。すなわち，相手と私のふるまいの違いが，「ずれの感覚」として直接経験される。」としている。前述したこのASD者あるいはその可能性のある児童生徒たちに対して感じる教師たちの"気づき"の正体は「世界」の「ずれ」であり，これは身体の感覚として直観された現象学的な直接経験である。われわれはこの直観された経験を，単なる主観的印象と解してはならない。この直観によって得られた臨床像は，

ASD者の人間学的規定として指導の出発点となる（木村 1975，169-180頁）からである。もし，教師がこのような「ずれ」を児童生徒に感じた場合，定型発達の世界に無理やり近づけようとするのではなく，ASDの可能性のある児童生徒の「世界」に沿った指導を講じるにはどうすればよいのだろうか。

　現象学的人間学を基盤とした精神病理学の研究をおこなっている精神科医の深尾憲二朗（2017，78-80頁）は，精神医学者のヤスパース（Jaspers,K.T.）の「了解」という概念を引いて，精神疾患の患者には「了解可能」か「了解不能」かという区別があるとしている。深尾（2017，86-88頁）は，発達障害と了解の関係について，発達障害は医学的にみれば生来的な脳の障害として定義されているので，基本的には精神機能の欠落を抱えているということになり，この場合には「了解」は不能となると述べている。しかし一方で，脳科学のような視点から子どもの困難について科学的に説明できたからといって，必ずしも科学的にその困難を解決できるわけではないともしている。そしてこの事実を無視した，発達障害の子どもに対する誤った安易な「了解」は「わがままだ」，「努力が足りない」などの主観的判断，いわゆる「精神論」を招き，子どもにとって残酷な結果になるのでかえってないほうがよいと述べている。しかし，深尾（2017，88頁）は発達障害の子どもには医療と同時に教育がどうしても必要であるとしている。ここにおいてわれわれは目指される「教育」について，深尾の視点を参考に検討しなければならない。深尾（2017，88-89頁）によれば，定型発達者がASD者を理解するということについて，感受性が正常でない相手については「了解」はできないが，だからといって認知機能の欠落という「説明」だけでは不十分なので，真の了解ではない「かのような了解」が求められるという。深尾の「了解」と「説明」の概念によれば，この関係は**表1**のように整理することができる。

　表1の①は綾屋（2013，55頁）の事例に見られたような，定型発達のあり方に近づけようとする立場である。**表1**の③は①のような「了解（共感的な理解）」は不能であるとして「説明（科学的な理解）」の立場をとり，発達障害者はつながりの持てない対象であると考える立場である。発達障害の可能性のある児童生徒について，**表1**の①のように誤った了解に基づいて共感的

表1　発達障害の受けとめ方と「了解」および「対応・指導」の関係について

発達障害の受けとめ方	了解と説明	対応と指導
①発達障害の児童生徒に対して，定型発達の児童生徒と同様に情緒的に気持ちで共感しようとする。	了解可能ではないが理解（誤った了解）	共感的につながることを目指す。分かり合える，理解し合えるという誤解が生じる。
②発達障害の児童生徒の主体性に着目して，その人の生きる世界を受けとめる。	かのような了解	知識と方法論をもって，対応や指導を考える。
③発達障害は精神疾患であるとして，児童生徒をつながりがもてない対象としてとらえ，科学的に理解する。	了解不能（科学的説明）	通常学級での教育の対象ではなく，従来の意味での特別支援教育，医療の対象であるとする。

　な理解を求めようとすると，結局は定型発達に近づけようとする働きかけをおこない，それを強制することになるので，その人なりの成長の道が閉ざされ二次障害に至る可能性が高まる。それと同時に対応や指導をおこなう側も共感的な理解が成立しないために落胆することになる。一方，**表1**の③のように発達障害は精神疾患なので科学的説明の立場から生物学的理解はできるが，人間同士の了解は不能であるのでそもそも通常学級での教育は成立しないとして，発達障害の可能性のある児童生徒は，自分がおこなう「教育」，つまり通常学級での教育の対象ではないと考える方向性もありえる。この場合には，従来の意味での特別支援教育や医療に丸投げすることになる。

　したがって，実際の現場では教育的な指導のために**表1**の①でも③でもない，②の「かのような了解」を目指す必要がある。「かのような了解」とは，例えば綾屋（2013，55頁）の事例の場合，「本ばかり読んでいる」，「他の生徒とは異なる質問をしてくる」といった児童生徒を定型発達のあり方に近づけさせようとするのではなく，教師自身の自然な世界に現象学的エポケー（判断中止）をほどこし，「ASDの独自の世界に生きるあり方（主体性）」を，「彼は本を読むことで自分らしく落ち着いていることができる」のであり，「独特の視点をもって世界を見るからこそ，ユニークな質問をしてくる」のだというようにとらえることである。これはその人の世界の「意味」や「価

値」を読み解き，了解をするということである。そして，これらを起点としてその人自身が良い方向に生きていくにはどうしたらよいのかを考え，実践するという指導が求められている。「意味」や「価値」の解明を目指す現象学的人間学的な「かのような了解」とはすなわち，前述の「教育的理解」や深尾（2017，88頁）のいう「教育」を可能とするものである。このような指導の立場を得た教師は，ASDの可能性のある児童生徒に，定型発達者の世界とは異なるそれぞれの「ASD者の世界」があることを想定してオーダーメイドの指導を構築することになるだろう。そこでは当該児童生徒の負の「部分」にばかり注目するのではなく，その生徒の人間としての「全体」をとらえたうえでの指導が進められることになる。

　児童生徒を理解しようとする際に，従来の医学的・心理学的知見を用いることには異議はない。しかし，その知見にのみ則って困難を抱える児童生徒の「部分」にだけ注視すると，発達障害者やASD者の障害特性や外面的な現象としての困難さにとらわれてしまう可能性があることは否めない。現象学的人間学的な視点をもって，児童生徒の世界の「全体」がもつ意味や価値に照準を合わせる視座が肝要なのではないだろうか。

6．おわりに

　ASDの可能性のある児童生徒の指導において重要なのは，児童生徒一人ひとりの「世界」の全体的な理解である。そこには当該児童生徒の生活史があり，児童生徒が楽しい，あるいは苦しみに満ちたさまざまな情況と対峙してきた歴史がある。その時々で児童生徒は，その情況との関わりのなかでなんとか平常を保つ（つまり相即を守る）ことができることもあれば，危機が訪れ相即が破壊され，平時とは異なる主体性を形成し，危機を乗り越えていかなければならないときがある。前述したように，さまざまな問題が発生したときには特に，このような児童生徒の全体としての「世界」のあり方，言い換えればその都度の「主体性」を捉えることがASDの可能性のある児童生徒の指導では重要となる。教師は「ASDの児童生徒の指導に必要なマニュアル」に沿った指導にとどまることなく，深尾（2017，88-89頁）の意味で

の「かのような了解」に基づく，ヴァイツゼッカーの意味での主体性に着目した人間学的な教育実践を目指す必要があるだろう。このようなASDの可能性のある児童生徒の教育的理解は，これまでの課題を解決する有効な指導をスタートするための思考枠組みとして機能することになると考える。

[キーワード]

　自閉症スペクトラム障害（Autism Spectrum Disorder），主体性（Subject），現象学的人間学（Phenomenological Anthropology）

〈注〉

(1)　脇本健弘・町支大祐，2015，『教師の学びを科学する　データから見える若手の育成と熟達のモデル』，北大路書房，5頁参照。「小学校・中学校における教師の悩み（ベネッセ教育総合研究所2011）」によれば，2010年度調査において「特別な支援が必要な児童・生徒への対応が難しい」と回答している教師は，小学校で75.3%，中学校で76.0%であった。

(2)　文部科学省「通常の学級に在籍する発達障害の可能性のある特別な教育的支援を必要とする児童生徒に関する調査結果について」(2012)（https://www.mext.go.jp/a_menu/shotou/tokubetu/material/__icsFiles/afieldfile/2012/12/10/1328729_01.pdf）によれば，「本調査における「Ⅰ．児童生徒の困難の状況」については，担任教員が記入し，特別支援教育コーディネーターまたは教頭（副校長）による確認を経て提出した回答に基づくもので，発達障害の専門家チームによる判断や，医師による診断によるものではない。」と記されている。

(3)　文部科学省「通常の学級に在籍する発達障害の可能性のある特別な教育的支援を必要とする児童生徒に関する調査結果について」(2012)（https://www.mext.go.jp/a_menu/shotou/tokubetu/material/__icsFiles/afieldfile/2012/12/10/1328729_01.pdf）によれば，「担任教員が回答した内容から，知的発達に遅れはないものの学習面又は行動面で著しい困難を示すとされた児童生徒（推定値6.5%）」について，現在通級による指導を「受けていない」が93.3%，このうち過去にも通級による指導を「受けていない」が97.4%であった。また，同様にこの6.5%の児童生徒について，特別支援学級に「在籍していたことはない」が95.3%となっている。

(4)　星野仁彦，2011，『発達障害を見過ごされる子ども，認めない親』，幻冬舎，3-5頁に，子どもの発達障害を認めない親が非常に多いことが指摘されている。

(5) 宮城県教育委員会「通常の学校における発達障害児童生徒を支援するための方策」(https://www.pref.miyagi.jp/uploaded/life/284613_357514_misc.pdf) には,「高等学校では発達障害の疑いのあるグレーゾーンの生徒の割合が増えたと感じる。グレーゾーンの生徒は行動面など生活上の課題があり,懲戒的な指導では効果がないことは理解できるものの,どのように指導すればよいか高等学校の教員は困っている。」とあり,現場の課題がうかがえる。

(6) ヴァイツゼッカーの意味での主体性については,ヴァイツゼッカー(木村敏訳),1975,『ゲシュタルトクライス』,みすず書房,271-288頁を参照。ヴァイツゼッカーの医学的人間学は外面的な形式を用いた事例や叙述的手段を医学に求めた「人間学」であり,現象学的人間学と同様に「意味」と「価値」の視点が重要となる。

(7) 金生由紀子・渡辺慶一郎・土橋圭子編著,2016,『新版 自閉スペクトラム症の医療・療育・教育』,金芳堂,74頁参照。自閉スペクトラム症の基本的な行動特徴として,対人関係や社会的相互干渉の困難さ(感情や情緒の交流のしにくさなど),コミュニケーションの困難さ,言語発達の遅れ(理解・表出の困難さ),常同行動・執着行動,想像性の欠如,感覚過敏などが挙げられるが,それらが実際の生活の中で,どの程度どのような形で現れるかは一人ひとり様々である。

(8) 国立特別支援教育研究所の発達障害教育推進センターのHP(http://cpedd.nise.go.jp/shido_shien/jiheisho)「自閉症のある子どもの指導・支援」「こだわりに対する指導・支援」には「こだわっている理由を把握せずに強制的に止めさせようとすると混乱し,かえってこだわりが強くなることがあります。」と例示されており,教師がよかれと思っておこなう指導が逆効果につながる可能性について言及されている。

〈引用文献〉

綾屋紗月,2013,「他者とつながるために必要だったこと」,『児童心理』12月号臨時増刊,第67巻第18号,54-58頁。

ビンスワンガー(荻野恒一・宮本忠雄・木村敏訳),2019,『現象学的人間学』,みすず書房,11-62頁。

深尾憲二朗,2017,『精神病理学の基本問題』,日本評論社。

浜谷直人,2012,「通常学級における特別支援教育の研究成果と課題」,『教育心理学年報』,第51集,85-94頁。

木村敏,1975,『分裂病の現象学』,弘文堂,169-180頁。

小谷裕実,2012,「特別支援教育と早期発見・早期療育－その現状と課題－」,『そ

だちの科学』，第18号，日本評論社，44-49頁。

村上靖彦，2008，『自閉症の現象学』，勁草書房，viii頁。

清水光恵，2018，「自閉スペクトラム症における「わたし」の場所」，『精神療法』，
　　第44巻第3号，342-347頁。

辻井正次，2013，「通常学級で特別支援を進めるために」，『児童心理』12月号臨時
　　増刊，第67巻第18号，59-63頁。

内海健，2015，『自閉症スペクトラムの精神病理　星をつぐ人たちのために』，医
　　学書院，83-99頁。

【付記】

　本研究の一部は，「日本学校教育学会2020年度研究大会代替自由研究ポスター発表」にて発表した。

総合的な学習の時間のカリキュラム開発の支援に関する教育委員会の在り方
―静岡県富士宮市「富士山学習」における教育長のビジョンに着目して―

岐阜大学 **長倉 守**

1 はじめに

　本稿では，社会に開かれた教育課程を先取りする学習である（天笠2018）と指摘される，静岡県富士宮市教育委員会の重点施策である総合的な学習「富士山学習」について，教育長のビジョンに着目しその特質を明らかにする。これにより，総合的な学習の時間のカリキュラム開発の支援に関する教育委員会の在り方について示唆を得たいと考える。

　総合的な学習の時間は，学習指導要領において2回の改訂を経て，2017年版では社会に開かれた教育課程におけるカリキュラム・マネジメントの中核として位置付けられている。これまでも学校の創意工夫を生かした探究的，横断的・総合的な学習が展開され，その成果は全国学力・学習状況調査やPISA調査の分析をもとに指摘されている[1]。

　しかしその一方で，総合的な学習の時間は，地域や児童生徒の実態に応じた学校独自のカリキュラム開発が求められ，実施上の困難や課題が指摘されてきた。学習指導要領は，2008年版に続き2017年版においても学校間の取組の実態に差がある状況を記述している。またこうした課題に対し，学校による対応に留まらず，カリキュラム開発に対する教育委員会の支援を要請し状況の改善を求めている。学術レベルにおいても加藤（2017）が，学校間に加えて教師間，地域間の格差を指摘し，地域行政レベルの支援の必要性に言及している。

　では，このような課題に対して，教育委員会の支援はどのようにあるべき

であろうか。こうした点については地方教育行政とカリキュラム開発の関係について論じる天笠（2013），吉冨（2020），本山（2019）の指摘が示唆に富む。天笠は教育委員会の役割として，地域や学校を基盤とするカリキュラム開発の安定性を担保するためビジョンの提示を挙げている。また同様に吉冨（2020）は，学校の主体的，自律的なカリキュラム開発の支援として方向性の明示を指摘している。他方，本山（2019）は学力向上施策における教育委員会トップリーダーである教育長のビジョンに着目し，ビジョンが校長や教員の意識改革に作用し，学校のカリキュラム開発に対する効果を指摘している。これらはいずれもビジョン提示の重要性を挙げている。確かに，設置者として最も身近な教育委員会による，地域の実態を踏まえたカリキュラム開発に関するビジョンの提示は，所管の学校においてカリキュラム開発を推進する管理職のリーダーシップに寄与するとともに，教員による開発の枠組や契機として作用し，学校への支援として意義があると考える。

　こうした観点から先行研究を見ると，総合的な学習の時間のカリキュラム開発を支援する教育委員会や教育長のビジョンについて事例をあげてその特質を具体的に検討したものは見られない。上述の加藤や天笠，吉冨は理念的な指摘に留まっている。また教育委員会の個別の具体的施策に着目したものには，山﨑（2000），小野（2000），田中ら（2019）があるが，これらは具体的施策の中核にあるビジョンの特質について検討したものではない。

　そこで本稿では，基礎自治体の教育委員会における総合的な学習の時間のカリキュラム開発に関するビジョンについて，事例をもとに検討を行う。とりわけ本稿では，静岡県富士宮市の総合的な学習「富士山学習」を取り上げる。富士山学習においては，総合的な学習の時間の黎明期から20年以上にわたり，教育委員会が学校のカリキュラム開発を支援している[2]。そこでトップリーダーとして教育長が示すビジョンに着目し，その特質を明らかにする。これをもとに教育委員会の支援の在り方について検討しようと考える。

2　富士山学習の概要

　まず，富士山学習の概要について説明しておきたい。富士山学習は，富士

山の南西麓に位置する静岡県富士宮市の総合的な学習の総称である。市内には小学校21校（分校１校）と中学校13校があり，その全小中学校において，富士山にかかわる自然，歴史，文化，産業，身近な暮らしや地域課題などを探究課題として富士山学習が実施されている。

　次に富士山学習の創出から今日までの史的展開を説明する。富士山学習は，1992年度，富士宮第二中学校にて実施された富士山に関する授業で見られた生徒の関心の高まりや学習意欲を起源としている。同中学校では翌年度から富士山学習を教育課程に位置付けた。1998年度には，富士宮市教育委員会の重点施策として全市的展開が図られ，校長等による研究委員会を設置するとともに，第１回富士山学習発表会が市内の全小中学校の参加と市民の参観により開催されている。当時の状況について児島（1999）は，「地域を手がかりにした総合的な学習が全国各地に生まれているが，最も充実し，また確かな実践として，『西のびわ湖，東の富士山』が双璧である」と指摘している。西のびわ湖とは，滋賀大学教育学部附属中学校のびわ湖学習（BIWAKO TIME）を，東の富士山とは富士山学習を指す。

　その後も富士山学習発表会については，毎年度２月上旬に当市の市民文化会館を会場に継続して開催され，大ホールにおけるステージ発表と展示室における展示発表により構成され，その後プレゼンテーション発表を加えている。直近では2019年度に第22回を開催し今日に至っている。この間，2008年度には富士山学習を「富士山学習PARTⅡ」としてバージョンアップを図るとともに，それまでの教育的貢献に対して博報賞を受賞している。

3　研究方法

　本稿では分析の対象として，20年以上にわたり実施されている富士山学習発表会のリーフレットにおける教育長の巻頭言に着目する。リーフレットは発表会開催にあたり発表内容の案内として毎年度発行され，学校や地域のステークホルダーに配布されている。巻頭言には教育委員会トップリーダーとして教育長が示す富士山学習のビジョンが埋め込まれている。こうしたビジョンが20年以上にわたり継続的に記録された資料は他には存在しない。

そこで本稿では，そのビジョンに着目し20年以上の記録に内包された特質を明らかにする。なお，本稿では第1回発表会から現

表1　分析における期間区分

期間区分(年度)	富士山学習発表会	教育長	巻頭言文字総数
Ⅰ期　1998〜2002	第1回〜第5回	教育長Ⅰ	4,431字
Ⅱ期　2003〜2006	第6回〜第9回	教育長Ⅱ	3,479字
Ⅲ期　2007〜2011	第10回〜第14回	教育長Ⅲ	5,742字
Ⅳ期　2012〜2019	第15回〜第22回	教育長Ⅳ	6,941字

在までの4人の教育長の在任期期間に応じて，4つの期間に区分して分析を行う（**表1**）。

　分析にあたっては客観性を担保するため，樋口らが開発した計量テキスト分析ソフトであるKH Coderを使用する[3]。計量テキスト分析とは，テキストマイニング分析の一手法であり，信頼性の高い手法として学術研究での使用も多く，分析の妥当性も確認されている[4]。

　そこで次の二つのフェーズを設定し分析を行う。第1フェーズでは，Ⅰ期からⅣ期までの各期のビジョンの特性を検討する。ここでは，KH Coderにより上位頻出語を抽出するとともに，共起ネットワーク分析として抽出語の関連性について多変量解析により強く結び付きのあるサブグラフを検出し，共起ネットワーク図を提示する[5]。そのうえで，KWICコンコーダンスから抽出語の文脈における使用例を参照しつつ，サブグラフの意味を検討してカテゴリーを生成し，ラベルを付与する。これにより各期の特性について考察を行う。

　次に第2フェーズでは，ビジョンに内包される要素について総合的な検討を行う。第1フェーズにおいて生成したカテゴリーを構成する抽出語について文脈での使用例をいま一度確認しつつ，カテゴリーの意味を踏まえてビジョンの要素を検討して抽出を行い，考察を加えることとする。

　以上のように，本稿ではKH Coderによる計量テキスト分析を基盤に質的分析の手法を組み合わせ，巻頭言に埋め込まれたビジョンの意味を捉えてその特質を解析する。そのうえで地域行政レベルの支援の在り方に対して得られる示唆について検討を行うこととする。

4 各期の特性に関する結果と考察

まず第1フェーズの分析をもとに，各期の特性に関する分析結果と考察について述べる。

4.1 Ⅰ期の特性

Ⅰ期において出現数の多い語は，「富士山学習（31）」，「富士山（18）」，「学習（17）」，「発表会（15）」であった（**表2**）。また共起ネットワーク分析により6つのサブグラフを検出し（**図1**），Ⅰ期の特性として3つのカテゴリーを生成しラベルを付与した（**表3**[6]）。

表2 Ⅰ期における頻出語

抽出語	出現数
富士山学習	31
富士山	18
学習	17
発表会	15
意欲	11
市内	11
富士山学習発表会	10
学び	9
学ぶ	9
見る	9
参加	9
子供たち	7
知りたい	7
富士宮	7
舞台発表	7
大切	6
地域	6
展示発表	6
涙	6
意味	5
深い	5
人	5
全体	5
多く	5
対象	5

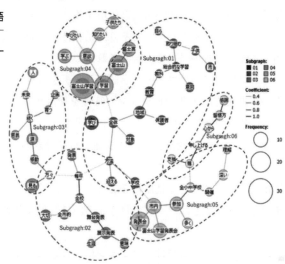

図1 Ⅰ期における共起ネットワーク

（N61，E60，D.033，最小出現数3）

表3 Ⅰ期におけるカテゴリー

カテゴリー	サブグラフ
1 富士山学習の本質	01 地域を対象とした総合的な学習 04 子供の学習意欲と富士山・富士宮
2 全市的発表会の意義	02 発表会の意味とその重要性 05 市内全小中学校の参加
3 ステークホルダーへの 感謝・継続への意志	03 意義を踏まえた継続への意志 06 地域等の支援への感謝

　カテゴリー1《富士山学習の本質》では，総合的な学習の時間の黎明期に新たな学びを創出するため，富士山学習が地域全体を学びの対象とした当市の総合的な学習であり，富士山や富士宮について知りたい・学びたいといった子供の学習意欲を重視することを提示している。とりわけ学習意欲は富士山学習誕生の契機であり，その重要性を繰り返し主張している。

　カテゴリー2《全市的発表会の意義》では，発表会が学びの交流や触発による学習意欲の喚起，教員の力量向上，地域や保護者との共有の場として機能し，全市的開催の意味や重要性を指摘している。またカテゴリー3《ステークホルダーへの感謝・継続への意志》では，学校，地域や保護者への感謝とともに，意義を踏まえた継続への意志を明確に表している。

4.2　Ⅱ期の特性

　Ⅱ期において出現数の多い語は，「富士山（29）」，「総合的な学習（15）」，「富士山学習（13）」，「学習（11）」，「富士宮（11）」であった（**表4**）。また共起ネットワーク分析により8つのサブグラフを検出し（**図2**），Ⅱ期の特性として3つのカテゴリーを生成した（**表5**）。

　カテゴリー1《富士山学習の本質と発展への意志》では，富士山学習が専門家や研究委員会の指導を踏まえ，総合的な学習の時間の移行期であったⅠ期から本質を継承し，当市教育の中核として全国的・先駆的な誇りある取組であるとの認識を示すとともに，向上への意志を表明している。またカテゴリー2《全市的発表会の意義》では，全小中学校の成果表出の場である発表会の意義とこれまでの蓄積に言及している。

　カテゴリー3《富士山文化の醸成》では，富士山学習や発表会を契機として，雄大で気高さを有する富士山に学ぶ者の精神性，言わば富士山文化の地域と一体となった醸成を主張している。また学習材としての富士山の無尽性，市教委富士山文化関連施策にも触れ，発表会を郷土の誇りである富士山の存在を総体的に見つめ直す契機として価値付けている。

表4　Ⅱ期における頻出語

抽出語	出現数
富士山	29
総合的な学習	15
富士山学習	13
学習	11
富士宮	11
迎える	10
発表会	10
郷土	9
誇り	9
地域	8
高める	7
今年度	7
指導	7
学ぶ	6
子供たち	6
積み重ねる	6
影響	5
確か	5
指導要領	5
成果	5
当市	5
ステージ発表	4
ビッグネーム	4
移行期	4
児島邦宏先生	4

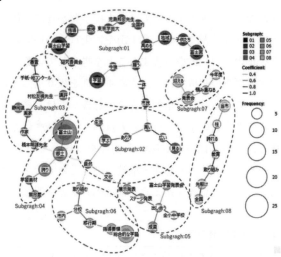

図2　Ⅱ期における共起ネットワーク

（N59，E58，D.034，最小出現数3）

表5　Ⅱ期におけるカテゴリー

カテゴリー	サブグラフ
1 富士山学習の本質と 向上への意志	01 富士山学習の本質と向上への意志 06 移行期からの総合的な学習 08 全国的・先駆的な当市教育の中核
2 全市的発表会の意義	05 全小中学校成果表出の場 07 発表会の蓄積
3 富士山文化の醸成	02 富士山文化への期待 03 富士山文化施策との連関 04 郷土の誇り・富士山の無尽性

4.3　Ⅲ期の特性

　Ⅲ期において出現数の多い語は，「富士山学習（30）」，「学習（21）」，「発表会（20）」，「学ぶ（19）」，「富士山学習PARTⅡ（19）」であった（**表6**）。共起ネットワーク分析により7つのサブグラフを検出し（**図3**），Ⅲ期の特性として3つのカテゴリーを生成した（**表7**）。

　カテゴリー1《富士山学習の本質と蓄積》では，学習意欲，富士山・富士宮を対象とした総合的な学習といった本質の継承と学びや発表会の蓄積を指

表6　Ⅲ期における頻出語

抽出語	出現数
富士山学習	30
学習	21
発表会	20
学ぶ	19
富士山学習PARTⅡ	19
地域	14
発表	14
学校	11
子ども	11
子どもたち	11
教育	10
方々	10
価値	8
課題	8
小中学校	8
保護者	8
教師	7
市民	7
総合的な学習	7
多く	7
中学校	7
富士宮	7
意欲	6
一層	6
過程	6

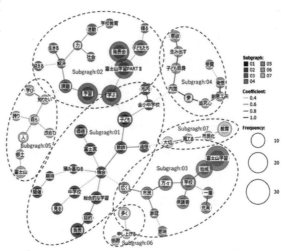

図3　Ⅲ期における共起ネットワーク

（N65，E64，D.031，最小出現数4）

表7　Ⅲ期におけるカテゴリー

カテゴリー	サブグラフ
1 富士山学習の本質と蓄積	01 総合的な学習・全市的発表会の蓄積 05 富士山学習の本質
2 富士山学習PARTⅡへの進展	02 課題解決等学びの過程の重視 04 子供の主体性の重視
3 教育の市民化・充実への意志	03 地域等との共有・充実への意志 06 支援への感謝 07 教育の市民化への意志

摘している。そのうえでカテゴリー2《富士山学習PARTⅡへの進展》では，富士山学習の理念を継承しつつ，その潜在性や可能性を問い直し，課題解決等学びの過程や子供の主体性の重視などを踏まえ，理念の再構築を図っている。富士山学習PARTⅡへの進展はこのような再構築に起因すると考察される。

　またカテゴリー3《教育の市民化・充実への意志》では，市民が発表会参観を契機として，富士山学習の価値に触れ，各地域において教育に加わる「教育の市民化」の理念を提示している。ステークホルダーに対する感謝を踏まえ，富士山学習を基軸に学校と市民が価値を共有し連携する重要性を指

摘し，富士山学習の一層の充実への意志を表出している。

4.4 Ⅳ期の特性

　Ⅳ期において出現数の多い語は，「富士山学習PARTⅡ（46）」，「発表会（42）」，「発表（32）」，「学び（23）」，「学習（19）」であった（**表8**）。また共起ネットワーク分析により7のサブグラフを検出し（**図4**），Ⅳ期の特性として3つのカテゴリーを生成した（**表9**）。

　カテゴリー1《本質・PARTⅡの継承と発展への意志》では，学習意欲，学びの過程，教科等との関わりの重要性について再確認し，理念を継承して

表8　Ⅳ期における頻出語

抽出語	出現数
富士山学習PARTⅡ	46
発表会	42
発表	32
学び	23
学習	19
多く	16
富士山学習	15
力	15
皆様	14
学ぶ	13
姿	13
子どもたち	13
方々	13
過程	12
市民	12
自分	12
富士山	12
地域	11
伝える	11
目指す	11
プレゼンテーション	10
願う	10
行う	10
取り組む	10
大切	10

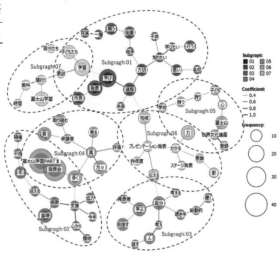

図4　Ⅳ期における共起ネットワーク

（N74，E73，D.027，最小出現数5）

表9　Ⅳ期におけるカテゴリー

カテゴリー	サブグラフ
1 本質・PARTⅡの継承と発展への意志	01 富士山学習PARTⅡの本質の継承と発展への意志
	07 学習意欲・教科等との関わりの重視
2 発表会の新たな重点	03 伝えることと能動的な聴き手の育成
	06 プレゼンテーション発表の実施
	05 富士山を心に夢を持って生きる子ども
3 地域等の高評価と支援への感謝	04 地域等の高評価
	02 支援への感謝

いる。また資質・能力論や教科等横断的なカリキュラム・マネジメントへの言及等，新学習指導要領に基づく今日的な課題にも先見性をもった姿勢が窺える。

カテゴリー2《発表会の新たな重点》では，プレゼンテーション発表の設定から，伝えることと能動的な聴き手の育成を重点として提示している。さらには富士山の世界遺産登録も相まって，目指す子ども像を明確化している。理念の継承とともに新たな価値を付与し，創造性・発展性への企図を指摘できる。カテゴリー3《地域等の高評価と支援への感謝》では，市民の理解を基盤に高評価を得ていることの認識が示され，支援への感謝と富士山学習の一層の発展への意志を表明している。

5　全体考察

ここでは，第2フェーズの分析として第1フェーズの分析をもとにビジョンの特質を検討したうえで，教育委員会の在り方について示唆を得たい。まず，前項で生成した各カテゴリーの意味や共通性を検討し，ビジョンに内包される要素として【富士山学習の本質と新たな意義・重点】，【全市的発表会の意義】，【地域・保護者との共有】，【継承・発展への意志】の4つを析出した（**表10**[7]）。これらが教育長のビジョンの中核概念として整理される。

まず【富士山学習の本質と新たな意義・重点】については，Ⅰ期からⅣ期にわたり，学習意欲，富士山・富士宮，総合的な学習といった概念が表出し

表10　Ⅰ期～Ⅳ期における教育長のビジョンの特質

ビジョンに内包される要素		Ⅰ期（1998～2002年度）	Ⅱ期（2003～2006年度）	Ⅲ期（2007～2011年度）	Ⅳ期（2012～2019年度）
富士山学習の本質		学習意欲	学習意欲	学習意欲	学習意欲
		富士山・富士宮	富士山・富士宮	富士山・富士宮	富士山・富士宮
		総合的な学習	総合的な学習	総合的な学習	総合的な学習
新たな意義・重点			全国的・先駆的取組	富士山学習PARTⅡ	育成を目指す子ども像
			富士山に学ぶ	課題解決等学びの過程	プレゼンテーション発表
				子供の主体性	教科等との関わり
					カリキュラム・マネジメント
全市的発表会の意義	子供	学びの交流　学習意欲喚起	学びの成果発表	成果の学び合い	成果の交流　学習意欲喚起
	教員	省察・充実改善の契機	教育実践進展の確認	教員の関わり　学び合い	実践成果の共有　発展の一助
	地域等	全市的展望の場	地域等と一体的醸成	意義や目的の啓発	成果や意義の共有
地域・保護者との共有		都市像につながる教育	富士山文化	教育の市民化	学びの姿を媒介に理念共有
継承・発展等への意志		継続への意志	向上への意志	充実への意志	継承と発展への意志
主な学習指導要領		1998年版	1998年版	2008年版	2017年版
各期の特質		富士山学習の創出	継承と富士山文化	PARTⅡへの進展	更なる継承と発展

ており，富士山学習の本質として総合的な学習の時間の黎明期から20年以上にわたり継承されてきたことが理解される。その際には，富士山学習誕生の源泉である子供の学習意欲，学びの対象としての富士山・富士宮が，総合的な学習の時間の特質と融合を図るなかで価値付けられ提示される。これにより富士山学習の学校教育における正当性が担保されている。富士山学習の本質は，当市の地域性を踏まえつつ，総合的な学習としての普遍性と新たな教育の方向性を見据えた先見性を擁するものとなっている。これにより各期においてその価値が承認・継承されていると考察される。

またこうした点においては，時代に応じて要請される学習指導要領の趣旨や地域課題との関連を踏まえ，新たな意義や重点が付与されつつ継承されている。Ⅱ期ではⅠ期からの経緯を踏まえて本質を継承しつつ富士山文化の醸成を企図し，Ⅲ期では2008年版学習指導要領の趣旨を踏まえて，生きる力や主体性育成等の観点から理念の再構築によりPARTⅡへの進展を図り，Ⅳ期では2017年版学習指導要領の議論の方向性を見据えて，育成を目指す子ども像の明確化，教科等との関連やカリキュラム・マネジメントなどを挙げている。

次に【全市的発表会の意義】では，富士山学習の象徴としての発表会開催の意図を明示している。子供にとれば学習成果の交流がさらなる学習意欲の喚起となり，教員にとれば指導の省察や充実改善の契機としてカリキュラム開発力量の向上に繋がっていく。他方，地域住民や保護者には，学びの姿を媒介とした富士山学習の理解を通じ，富士山文化や教育参画を志向する教育文化の醸成への期待が提示されている。

また【地域や家庭との共有】では，まずは学校関係者とともに地域住民や保護者などステークホルダーの支援に対する感謝の念が示される。そのうえで，地域や家庭を富士山学習の充実に不可欠な存在として位置付け，理念の共有を図ろうとしている。これは，今次学習指導要領における社会に開かれた教育課程の概念に通じるものである。さらに【継承・発展への意志】については，今後の方向性として継承・発展の意志が明確に表明され，教育長による先導的役割の発揮が富士山学習の推進力に寄与していると考察される。

　以上ここまで，教育長のビジョンに内包される要素について検討した。天笠（2013）らが指摘したビジョン提示の重要性については理念的なものに留まっていたが，富士山学習を事例にビジョンに埋め込まれた特質を上述のように具体的に4つの要素として析出した。

　では，このようなビジョンへの着目は，総合的な学習の時間のカリキュラム開発を支援する教育委員会の在り方にどのような含意を持ちうるのであろうか。まず何よりも指摘されるのは，教育委員会による地域性を踏まえたカリキュラム開発原理となる指針，言わばビジョンの継続的な提示である。とりわけ重要となるのはビジョンの内容である。富士山学習における教育長のビジョンから得た知見に基づけば，地域性とともに総合的な学習の特質と教育の方向性を融合させるとともに，地域や家庭との共有や発展への意志を埋め込むことが求められよう。

　その際，ビジョンを中核として参考となる点が三つある。一つはビジョンの浸透を図る具体的施策の展開である。富士山学習では全市的発表会を企画しその意義を強調していた。二つは学校と地域や家庭との共有・連携を支援する姿勢や働き掛けである。総合的な学習の時間では，地域や家庭との共有・連携が不可欠であるが，富士山学習では学校のみならず地域や家庭に対して常にその姿勢を示していた。三つは教育委員会のリーダーシップである。教育課程の管理から自主性の支援へ教育委員会の在り方が問われるなか，富士山学習における教育長の意志表明に見る如く教育委員会の先導的役割が期待される。

6　おわりに

　本稿では，静岡県富士宮市教育委員会の重点施策である総合的な学習「富士山学習」について，教育長のビジョンに着目し，その特質として【富士山学習の本質と新たな意義・重点】，【全市的発表会の意義】，【地域や家庭との共有】，【継承・発展への意志】の4つの要素を抽出し考察を加えた。またこれを踏まえ，総合的な学習の時間のカリキュラム開発を支援する教育委員会の在り方に関する示唆として，地域性・総合的な学習の特質・教育の方向性

等を踏まえたビジョンの継続的な提示と，その浸透を図る施策展開，地域や家庭との共有，教育委員会のリーダーシップといった参考点を指摘した。先行研究では教育委員会の在り方に関し，カリキュラム開発の安定性を担保するビジョンの提示は指摘されていたが，事例を通じた検討や具体的な在り方の方向性については議論されておらず，上述のビジョンの特質と示唆については本研究の成果として指摘される。総合的な学習の時間については未だ地域間・学校間格差が指摘されるなか，こうした知見を視座として各教育委員会において学校の状況に応じた援用が期待される。

　最後に今後の課題を述べる。本稿では富士山学習における20年以上にわたる教育長のビジョンを分析対象とした。これを議論の足場として，関係者への調査や他地域との比較を視野に入れ，教育委員会の在り方について継続的に検討に取り組みたい。

[キーワード]

総合的な学習の時間（the Period for Integrated Studies），教育委員会（Board of Education），カリキュラム開発の支援（Support for Curriculum Development），富士山学習（Fujisan-Gakushu），ビジョン（Vision）

謝辞　本研究を進めるにあたり，富士宮市教育委員会事務局の皆様には，資料提供をはじめご理解とご協力をいただきました。ここに記して謝意を表します。

〈注〉
(1) 文部科学省（2017）小学校学習指導要領（平成29年告示）解説 総合的な学習の時間編，東洋館出版社，p.5　中学校，高等学校の解説にも同様の記述がある。
(2) 　山﨑（2000）は，富士山学習が教育委員会の支援のもと展開されていることを指摘している。これは「富士山学習」研究会（1999）や富士山学習研究委員会（2018）に詳しい。
(3) 　樋口（2020）は，KH Coderが対象とするテキストの種類についてテキスト型データ一般を扱うと説明している。またデータ量には明確な基準はないとし

ている。分析者によるバイアスを排除する計量テキスト分析を踏まえ，ビジョンの特質を明らかにする。

(4)　KH Coderを使用した研究事例は，教育や医療・看護，福祉といった対人関係的な支援が求められる分野にも多い。このような研究には助川ら（2019）や菅野ら（2019）があり，計量テキスト分析を基盤とした質的研究の分析手法を参考にした。

(5)　共起ネットワーク図では，N（node）と円の大きさは語の出現数を表す。E（edge）は共起関係の数を示し，共起関係は円の位置や近さではなく線の接続で表現される。D（density）は密度で，描画される共起関係の数を存在しうる共起関係の数で除したものを表す。なお，共起関係の絞り込みはJaccard係数を0.3以上に設定し，最小スパニング・ツリーを描画した。

(6)　研究方法に示した第1フェーズの分析方法をもとにカテゴリーを生成した。表3にはカテゴリーと各カテゴリーを構成するサブグラフを示した（表5，表7，表9も同様）。

(7)　表10では，抽出した4つの要素を枠組として該当する抽出語を積極的に見出し，KWICコンコーダンスから文脈における使用例をもとに検討し整理した。また表には，時代状況の想起や各期の意義の理解を意図し，各期の期間や関係する主な学習指導要領，各期の特質を加筆した。

〈引用文献〉

天笠茂（2018）富士山学習のこれから－20年の積み重ねを通して－，富士山学習研究委員会（2018）富士山学習PARTⅡ－第21回富士山学習PARTⅡ紙上発表会－，pp.1-2

小野俊一（2000）高等学校における「総合的な学習の時間」の課題－高等学校，都道府県教育委員会の取り組みから－，東京大学大学院教育学研究科教育行政学研究室紀要，19，pp.73-82

加藤智（2017）総合的な学習の時間の展望と課題－米国サービス・ラーニングの現状と課題の分析から－，愛知淑徳大学論集－文学部・文学研究科篇－，42，pp.11-26

菅野範子・後藤あや・佐藤恵子・川原礼子・畠山とも子（2019）がん患者の手術療法の意思決定を支援する外来看護師の認識と実践，日本プライマリ・ケア連合学会誌，42（2），pp.78-84

児島邦宏（1999）序文，「富士山学習」研究会（1999）総合的な学習 富士山学習－知りたい，学びたい，共に生きたい，国土社，pp.2-3

助川文子・伊藤祐子（2019）日本における発達障碍児に対する学校適応支援を目

的とした作業療法の評価，作業療法，38（6），pp.663-673

田中謙・河西安奈（2019）社会に開かれた教育課程における地域学習に関する事例研究－教育政策の動向とカリキュラム・マネジメントの特質－，山梨県立大学人間福祉学部紀要，14，pp.36-48

樋口耕一（2020）社会調査のための計量テキスト分析【第2版】内容分析の継承と発展を目指して，ナカニシヤ出版，251p.

本山敬祐（2019）基礎自治体における効果的な学力向上施策の特徴と教育長のリーダーシップ，国立教育政策研究所紀要，148，pp.141-160

山﨑保寿（2000）総合的な学習の教育経営ビジョン，信濃教育会出版部，226p.

吉冨芳正（2020）地方教育行政による学校のカリキュラム・マネジメント実現のための支援とその活用，村川雅弘・吉冨芳正・田村知子・泰山裕（2020）教育委員会・学校管理職のためのカリキュラム・マネジメント実現への戦略，ぎょうせい，222p.

人事異動が教師の成長・発達に及ぼす影響
―組織内における役割と立ち位置の変化に着目して―

山陽小野田市立山口東京理科大学 **小杉 進二**

1 問題の所在

(1) 研究の背景

　教員の人事異動に関する研究は,「教員をどのように配置したか」, あるいは「どのようなプロセスで配置したか」という教育行政学的・教育制度学的なアプローチによる研究と, 人事異動によって個々の教師がいかなる影響を受けたかという教師学・教師教育学的研究に大別できる。前者は, 学問上の研究関心・研究価値共に高いテーマでありながら, 高度な機密性を有する人事異動の決定プロセスに対して調査を行うことの難しさもあり, 先行研究の蓄積はそれほど多くない[1]。一方, 後者については個々の教師に対する質問紙調査やインタビュー調査により多様なアプローチ（例えば川上ら2021, 保坂2010）がなされている。これらの研究は人事異動が教師の成長・発達に両義的な影響性をもたらすことを示しているが, それによる知見を踏まえた「教員をどのように配置すべきか」という教育行政学的・教育制度学的な議論や,「人事異動を通していかに組織を活性化するか」「人事異動を通していかに人材を育成するか」という教育経営学・学校経営学的な議論は十分には深められておらず, 今後の展開が期待される状況にある。

(2) 先行研究の整理と本研究の目的

　人事異動の意義や影響性について, 川上・妹尾（2011）は異動回数の多さと自身の能力観の高さの相関性から, 異動経験がOJTとしてその後の能力形

成に作用する可能性や，へき地校での勤務経験が能力観の伸長に寄与する可能性などを示唆している。また，山﨑（2012）のライフコース研究は，人事異動がその後のキャリア形成の転機として作用する可能性に言及している[2]。

　一方，文部科学省（2013）は異動後2年以内における教員の精神疾患による休職率の高さを示し，保坂（2010）は「教員にとって転勤は「危機」であり，ストレス要因になる」と指摘するなど，人事異動のネガティブな側面を照射した研究も増えつつある。これらの研究には「人事異動を通して，それまでの経験とは異質なもの（児童・生徒・保護者・管理職・同僚教員など）に出会い，それによって困難が生じる」という見解が通底し，そうした「異動後の困難」（例えば保坂2009，武智ら2015）が，教員に心理的な負担を与えることを指摘している。

　また，異動による影響の受け方は教師の年齢や経験年数によって差異が生じることも示されている。例えば，先の川上・妹尾（2011）は経験年数10年を超えた世代の教師において異動回数と能力感の相関関係を見出している。また，町支（2019）は「初めての異動」に着目し，若い世代の教師にとって生じる特異的な「異動後の困難」を指摘している。

　これらの先行研究によって，人事異動が教師の成長・発達に両義的な影響を与え，かつその影響性は教職キャリアによっても異なることが明らかになりつつあるものの，どのような異動が教師の成長・発達にプラスに作用し，どのような異動がリスクを有するのかといった議論は未だ十分ではない。そもそも先行研究では「異動を経験した個人としての教師」が「それまでとは異なる新しい環境（児童・生徒，保護者，同僚など）」をいかに捉えたか，という視点で分析されたものが多く，その結果析出された「異動後の困難」という問題は，教師の成長・発達に関する議論より，教員のメンタルヘルスの文脈に帰結してきた傾向にある。また，異動による影響は，「個人としての教師」の視点のみならず，「学校組織の一員としての教師」を独立変数として分析する必要があるが，この点を言及した研究は管見の限り見られない。そこで，本研究では異動に伴う一次的な環境変化のみならず，異動によって組織内での役割や立ち位置がどのように変化したのかという点に着目し，人

事異動が教師の成長・発達にもたらす影響について新たな論点を提示したい。

2　本研究の方法

⑴　研究協力者

　本研究の研究協力者は「X県の公立中学校教員であり人事異動を複数回経験した者」とした。以下，その設定理由について説明する。まずX県の小・中・高等学校教員の異動の特質に着目すると，小・中学校教員の異動周期は高等学校教員のそれに比べて短いため，赴任校数が多い傾向にある。これに加えて中学校の教員の場合，小学校に比べ学校数が少ない上に異動の調整条件に「教科」という要素が加わるために異動範囲が広域化する傾向にある。こうした状況から，人事異動による影響は中学校教員の場合においてより大きなものとなると考えられる。

　次に「人事異動を複数回経験した者」としたのは，協力者がこれまでに経験した異動を比較・対照しながら振り返ることで，それぞれの異動の意味をより深く捉えるためである。なお，協力者全体の異動回数を揃えるために3校〜5校，年齢的には37〜47歳とした。この時期は「管理職／教諭」と職位が分岐し始める時期（国立教育政策研究所2017）であるが，今回は教諭としての異動経験に限定した。

　協力者の選定においては，筆者との間に一定のラポールが形成されていることを重視した。協力者への依頼及びデータの取り扱いについては，筆者が所属している一般社団法人日本教育学会の「倫理要綱」及び「個人情報保護ガイドライン」に則り手続きを進めた。特に，本研究では筆者と協力者の関係性の深さが個人の特定につながるリスクも含んでいる。そこで研究協力者の属性については，詳細な年齢や担当教科・部活動など本人の特定につながりやすい情報を表示しないよう配慮した（**表1参照**）。また，分析結果及び考察の概要を協力者に通知し意見を

表1　研究協力者の属性

協力者	A	B	C	D	E	F	G	H	I	J	K
性　別	男	女	男	女	男	男	男	女	女	男	男
赴任校数	3	5	5	4	4	5	5	5	4	4	5
年　齢	37歳〜47歳（調査期間；2018年10月〜2020年9月現在）									
職　位	教諭（調査期間；2018年10月〜2020年9月現在）									

求め，修正を施した上で最終的な同意を得た内容のみを本稿に公表すること
とした。

⑵　調査及び分析方法

　「これまでの人事異動で，組織内での役割や立ち位置はどのように変化し
たか，また，そのことによってどのような影響を受けたか」をテーマに11名
の研究協力者に対してインタビュー調査（半構造化面接）を行った。その語
りのテクストデータから修正版グラウンデッド・セオリー・アプローチ（以
下：M-GTA，木下2003）を援用し，【概念】及び〈カテゴリー〉を生成した。
データから作成した概念が有効であるかどうかを判断するために，作成した
概念が他の協力者のインタビューデータにも具体例として見出されるかを吟
味した。例えば，教師Aの語りのデータから作成した概念がその他の協力者
から得た語りにおいて適合・類似する具体例が見出されれば，その概念を有
効なものと判断し，逆に他のデータにおいて適合・類似性を見出せる具体例
が得られない場合は，グラウンデッド・セオリー（現場の実態に根ざした理
論）としての普遍性・一般性を疑い，概念としての立ち上げを却下した。こ
うした作業を繰り返し，新たな概念が生成されなくなった段階を理論的飽和
と判断し，インタビュー及び分析を終了した。研究協力者11名という人数は
以上の作業プロセスの結果によるものである。

　なお，後述の概念及びカテゴリーの生成にあたっては，その妥当性・信頼
性を高めるために研究協力者との意見の往還を繰り返したことに加え，筆者
の所属しているM—GTA研究会[3]のメンバーにも意見を求め，理論の修正に
努めた。

3　分析結果と考察

⑴　事例と分析

　本研究では，人事異動における組織内での役割や立ち位置の変化について
①転入先での役割や立ち位置が異動前より弱まるような異動パターンを「周
辺型」，②異動前後で役割や立ち位置がほとんど変化しない異動パターンを

「スライド型」，③異動当初から主任・主事を任されたり，ミドルやベテランとして後輩教員の指導を期待されたりするような異動パターンを「コア型」と定義した（**表2参照**）。

表2　人事異動前後における組織内での役割や立ち位置の変化のパターン

異動後の立ち位置	定義	具体例	具体例のあった協力者
周辺型	異動により，組織内においての役割や立ち位置が周辺的なものとなる。	・異動前に務めていた主任，主事などの役割がなくなる。 ・担任や部活動顧問がなくなり，主となってできる教育活動がない。 ・得意とする校務から離れる。 ・経験年数の長い教員たちに対して遠慮が必要なムードがある。 ・異動先の年齢構成上，それまでのベテラン，ミドルとしての期待度が下がる。	A, B, C, D, E, F, G, H, I, J, K
スライド型	異動前後で，組織内での役割や立ち位置が変化しない。	・異動前後で担当する職務がそれほど変化しない。 ・職員の年齢構成も大きな変化はなく，ベテラン，ミドル，若手といった組織内での立ち位置が変化しない。	A, B, C, E, F, G, H, I
コア型	異動により，組織内において中心的な役割が期待される。	・主任，主事などリーダー的な役割を任される。 ・年齢構成上，ベテランやミドルとしての振る舞いが期待される。 ・若手教員の指導や支援を任される。	D, E, J, K

※協力者は過去3〜5回の異動により，「周辺型」「スライド型」「コア型」のうち，いずれか2つもしくは全てにあてはまるパターンを経験している。このため，「具体例のあった協力者」の欄には重複が見られる。

　以下，事例を紹介しながら各パターンの詳細を検討する。まず，「周辺型」の事例を検討する。教師A（教職経験14年，38歳）は，職員の年齢構成が高いT校に異動した（**図1参照**）。このため，S校時代に求められたミドルとしての立ち振る舞いではなく，フォロワーとしての機動力が求められるようになった。S校時代には進路指導主事も経験し，新任教員や臨時的任用教員の指導も任されるなどミドルリーダーとしての活躍が期待された状況から大きく変化し，T校在籍の3年間は主任・主事を担当することも新任期の教員の指導を任される場面もなかった。

　次に，異動前の学校で教務主任を務め，教員集団のリーダー的存在として活躍していた教師Kについて検討する。教師Kの新しい勤務校には前年度より教務主任を担当する者がおり，他の主任・主事についても前年度から在籍していた教員が配置されたため，久しぶりに学級担任を経験した。組織の中心部に立ち位置があった異動前に対し，異動後は学校の内情もよくわからず，主任・主事もない「組織内の周辺的な位置」に立たされることになり（**図2参照**），そこでの勤務経験は環境変化による苦悩に留まらない，深い喪失感や違和感を伴うものであった。このように「周辺型」異動では，新しい共同

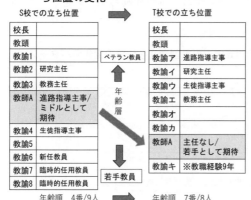

図1　教師Aの異動前後における組織内での立ち位置の変化

S校での立ち位置	
校長	
教頭	
教諭1	
教諭2	研究主任
教諭3	教務主任
教師A	進路指導主事/ミドルとして期待
教諭4	生徒指導主事
教諭5	
教諭6	新任教員
教諭7	臨時的任用教員
教諭8	臨時的任用教員

ベテラン教員

年齢層

若手教員

T校での立ち位置	
校長	
教頭	
教諭ア	進路指導主事
教諭イ	研究主任
教諭ウ	生徒指導主事
教諭エ	教務主任
教諭オ	
教諭カ	
教師A	主任なし/若手として期待
教諭キ	※教職経験9年

年齢順　4番/9人　　年齢順　7番/8人

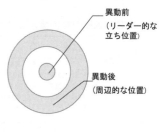

図2　教師Kの異動前後における組織内での立ち位置の変化

異動前（リーダー的な立ち位置）

異動後（周辺的な位置）

体の新参者となり，ある種の疎外感のようなものを感じている模様が析出された。

　続いて「スライド型」について検討する。このパターンは新任期の教師が同規模の学校間を異動した場合や，中堅期[4]の教師が教務主任や生徒指導主事，学年主任といった一定の職能や経験を必要とするポストを異動後も引き続き担当する場合に多く見られた。また，これらのほとんどのケースで，新しい職場にスムーズに適合している様相が見受けられた。

　最後に「コア型」について検討する。教師Eの異動前の学校は年輩の同僚が多かったこともあって，通常の業務に加え，施設の掃除や消耗品の補充などにも奔走する毎日だった。「大変だったが，先輩についていけば何とかなる気楽さもあった」のに対し，異動先では職員数が少ない上に若手教員が多い状況で「リーダーシップを取っていかねばならないのは自分だ」という自覚が芽生えたという。このように「コア型」にあてはまる事例数は先述の2つの型に比べると少なく，それらにはベテラン教員の比重が高い学校から若手教員の比重が高い学校へ異動する場合が多いという共通性が見出された。

　次に，研究協力者に対する「人事異動に伴う組織内での役割や立ち位置が変化したことで，どのような影響を受けたか」ということについて分析した。

その結果，**表3**のように〈新しい組織への適応〉〈新天地での意気込み〉〈異動によるキャリア形成〉〈異動による自己の変容〉の4つのカテゴリーとそれに付随する12の概念が生成された。

さらにこれらの概念が，「周辺型」「スライド型」「コア型」の各パターンといかなる関係性を持つかをインタビューデータに基づき分類したのが**表4**である。

表3　人事異動に伴う組織内での役割や立ち位置の変化が教師の成長・発達に与える影響

カテゴリー	概念	定義
〈新しい組織への適応〉	【順調なスタートアップ】	新しい職務にも慣れ，職場内に新たな紐帯を形成し，順調なスタートを切ることができる。
	【重責感】	新しい組織内で求められる職務上のパフォーマンスや行動のあり方に負担を感じる。
	【居心地の悪さ】	新しい職場で同僚性を構築したり，仕事の様式に慣れることに困難を抱える。
〈新天地での意気込み〉	【期待される喜び】	異動により，リーダーやベテラン，中堅としての活躍が期待され意欲づく。
	【現状維持】	異動前後での環境や役割がほとんど変化せず，思考や行動に大きな変化が見られない。
	【求められない寂しさ】	新しい組織内での自分の役割や自己の有用性を見出せず，意欲が低下する。
〈異動によるキャリア形成〉	【新たな職能の獲得】	異動により，主に担当する職務の内容や，領域，責任などが変化し，新たな職能を得る。
	【伸び悩み】	異動前後での環境や役割がほとんど変化せず，働き方の変化は見られない。
	【活躍の場の喪失】	異動により得意とする指導分野や校務から離れたり，職務上の責任や権限が低下する。
〈異動による自己の変容〉	【教師としてのあり方】	異動を機に，教師としてあるべき姿，生徒へのまなざしが変容する。
	【新たな指導法・働き方】	異動を機に，新たな指導法や仕事のやり方に挑戦する。
	【新たな自分づくり】	異動を機に，生活習慣の改善や，趣味・特技を伸ばすなど自己啓発に努める。

表4　人事異動による職場内での役割や立ち位置の変化とその影響

		異動後の立ち位置		
		周辺型	スライド型	コア型
異動による影響	〈新しい組織への適応〉	【居心地の悪さ】	【順調なスタートアップ】	【順調なスタートアップ】【重責感】
	〈新天地での意気込み〉	【求められない寂しさ】 マイナスの影響	【期待される喜び】【現状維持】	【期待される喜び】 プラスの影響
	〈異動によるキャリア形成〉	【活躍の場の喪失】	【伸び悩み】	【新たな職能の獲得】
	〈異動による自己の変容〉	【教師としてのあり方】【新たな指導法・働き方】【新たな自分づくり】	【新たな指導法・働き方】【新たな自分づくり】	【教師としてのあり方】【新たな指導法・働き方】【新たな自分づくり】

⑵　考察

本研究で分析手法に用いたM-GTAは「データに密着した分析」（木下2003）による理論生成を特徴とし，生成された理論はデータが収集された場

面（「X県の公立中学校教員であり人事異動を複数回経験した者」）と同じような場面においてのみ成立するものであり，その応用範囲には限界が伴うことを踏まえた上で，**表2〜4**の分析結果に考察を加える。

　まず前提として，転入教員が異動先の校長にどれほどに「自身の役割や立場に対する希望」を伝えることができたのかを検討したい。本研究の対象であるX県公立学校では，異動の内示が3月20日前後に出され，3月29日前後に異動先の校長と初めて面会する。4月1日から新体制でスタートするために「面会の時点で校内人事の枠組みは決まっており，転入教員の了承を得るのみ」ということが通例となっている。したがって，X県の公立中学校人事異動は，転入教員の意向に依らず「①新しい勤務地と，②異動先の学校内での役割や立ち位置」がセットとなって変化するシステムと言える。

　以上を踏まえ，各パターンをそれぞれ考察する。まず，「周辺型」人事異動では【居心地の悪さ】，【求められない寂しさ】，【活躍の場の喪失】といった負の概念（**表3参照**）が析出された。そこには「それまで磨き上げた職能や積み上げてきた立場などがリセットされること」による苦悩が伴い，異動が与えるダメージが大きな異動形態と考えられる。

　これに対し「スライド型」は，異動に際しても環境や役割が変化せず【順調なスタートアップ】が切れる点において，最もスムーズな異動形態と考えることができる。しかしながら，人事異動前後で職務内容や職務に対する意気込みが【現状維持】となる点においては，職能上の【伸び悩み】が生じるリスクも考えられる。

　最後に「コア型」人事異動は，異動当初から組織内のイニシアティブやダイナミクスを主体的に調整できる位置に立てるという点において【順調なスタートアップ】が期待できる。また，新天地で感じ得る【期待される喜び】は職務に対する意欲を喚起するであろうし，異なる職域に出会ったり主任・主事などの責任を担当したりすることは【新たな職能の獲得】の機会となる。こうした状況は多少の【重責感】を与えるにせよ，教師の成長・発達に寄与する可能性も期待できる点においてポジティブな異動形態と考えられる。

　また，3つの異動パターンに共通した見解としては，異動を機に【教師と

してのあり方】や【新たな指導法・働き方】を模索したり，【新たな自分づくり】の契機となったりする点で〈異動による自己の変容〉をもたらす可能性が期待できることであった。

　これらの考察を先行研究の知見と照らして検討する。まず，川上・妹尾（2011）などの先行研究が示してきた人事異動に対するポジティブな評価は，上述の〈異動による自己の変容〉の文脈においては適合的と考えられる。一方，人事異動のネガティブな側面を指摘する先行研究（例えば保坂2009，2010）では，その主な要因を「これまでとは異なるもの（生徒，保護者，同僚など）との出会い」や「環境変化による困難」に言及してきた。本研究でも「組織内における役割や立ち位置」が弱まる「周辺型」異動においては，先行研究が示してきたような「環境変化による困難」が懸念された一方で，新たな組織への参入がスムーズな「スライド型」「コア型」においては，ポジティブな影響も見出された。これらの考察から，先行研究が示してきた人事異動についての対極的な評価をつなぐ1つの視座として，「人事異動前後における教師個人と組織の関係性の変化」に着目することの意義が指摘できる。

　最後に，本研究で定義した3つの異動パターンの中でも，最も負の影響が懸念されながら，実際に多くの事例数が得られている「周辺型」異動の成立要因について検討する。

　第1に，人事異動において教師個人と学校組織の利害は必ずしも一致しない点が挙げられる。例えば，校長が日頃の教員の勤務成績から資質・能力を見出し，かつラポールや同僚性を構築できた者を組織の中核に据えて自身の学校経営ビジョンの具現を図ること，逆に転入教員についてはその資質・能力を判断した上で次年度以降，漸次重要なポストに据えていくこと[5]は，学校経営戦略上は合理的な判断と言えるが，そのことは教師個人の利益には結びつかない。

　こうした文脈から考えると，人事異動における校長のイニシアティブの所在（ベネッセコーポレーション2007，町支2015）も「周辺型」異動を促進する要因として作用しているものと考えられる。すなわち，校長にとって学校経営上必要と認める教員を戦略的に残留させることは不可能なことではない

が，転入教員の選択や情報取得についてはほとんど主導権を有しない。このため，転入したばかりの教員を初年度から組織の中心部に据えることにはリスクが生じ，必然的に残留教員を組織の核とせざるを得ない状況となる。

さらに，学校組織内における役割や立ち位置を大きく方向づける「主任・主事」は職位・職階ではなく，あくまで教諭が充て職として位置づけられたものに過ぎないという教員組織の法的枠組みも要因の1つとして考えられる。一般に，校長や教頭はその職位を維持したまま異動できるため，学校が変わっても職務上の権限や責任の及ぶ範囲は大きく変化しない。これに対し，教諭の場合，「主任・主事」といった役割が異動先の学校に必ずしも引き継がれないため，結果的に人事異動が教師個人のキャリア形成を中断・停滞させる要因になり得るのである。

このように「周辺型」異動の発生プロセスには学校経営論，人事行政論，教育法制論等，広範な視点から検討されるべき複雑な要因が含まれており，今後の総合的な議論が待たれるところである。

4　おわりに

本研究の成果は，第1に「人事異動によって組織内での役割や立ち位置はいかに変化するか」という視点から，その変化のパターンを「周辺型」「スライド型」「コア型」に分類し，それぞれの特質を見出したことである。第2に，人事異動に伴う組織内での役割や立ち位置の変化が教師の成長・発達に与える影響を，M-GTAによって析出した〈新しい組織への適応〉〈新天地での意気込み〉〈異動によるキャリア形成〉〈異動による自己の変容〉という4つのカテゴリーとそれに付随する12の概念によって説明できたことである。第3に，これらの概念と「周辺型」「スライド型」「コア型」の3つの異動パターンとの関係性を検討することにより，いかなる異動が教師にとって望ましい／望ましくない影響を与えるのかという点について1つの視座を提供できたことである。

一方，本研究の課題としては，分析手法としてM-GTAを用いているために生成された理論の有効性が成立する範囲には限界が伴う点が挙げられる。

今後は地域や経験年数，性別，校種，職種による場合分けを細かに行いながら，今回のような研究をより継続的に実施し，知見を更新・検証していく努力が求められよう。

本研究から，人事異動が教師の成長・発達に与える影響は従来の研究が指摘してきた「環境変化による困難」に留まらず，共同体にいかに参加しその一員となり得るかという「新しい組織との関わり」を視野に入れた議論が必要であることが見えてきた。人事異動が必ずしも教師個人の職能成長・発達に結びつかず，むしろその弊害が懸念される現状を適切に踏まえ，教師をどのように最適配置するかという教育行政・制度学的アプローチと，転入してきた教師を新たな組織においてどのように迎え，活躍させていくかという教育経営・学校経営学的アプローチから，人事異動というシステムそのものを多面的に再検討することが継続的な課題となろう。本研究の知見がそうした議論の一端を担うことができれば幸いである。

[キーワード]

人事異動（teacher personnel changes），教師の成長・発達（teacher's growth and development），役割（roles in the school），立ち位置（positions in the school）

〈注〉

⑴　一般教諭の人事異動に関する先行研究は，国立教育研究所（1983）や佐藤・若井（1992）にまで遡り，これらを更新できるような人事異動研究は近年見られない。管理職の人事異動に関する研究（例えば元兼1993や荒井2007）と比べても特に蓄積が薄い状況にある。

⑵　一方で山﨑（2012）は，異動に伴う環境変化が危機ともなり得ることも指摘している。

⑶　M-GTAを用いた研究の相互援助を行う学術的な団体である。詳細は下記ホームページ参照。https://m-gta.jp（2021.6.28最終閲覧）

⑷　山﨑（2012）は教職人生を「新任期」，「中堅期」，「ベテラン期」に分け，「中堅期」を「30歳代から40歳代半ば頃まで」と定義している。本稿ではこの時期区分を準用する。

⑸　拙稿（2020）では，校長に対するインタビュー調査から，次年度の校内人事
　において残留教員を校務分掌の核に据えることが多いことを指摘している。

〈引用文献〉
荒井文昭，2007，『教育管理職人事と教育政治―だれが校長人事を決めてきたのか』
　大月書店．
川上泰彦編，2021，『教員の職場適応と職能形成　教員縦断調査の分析とフィード
　バック』，ジアーズ教育新社．
川上泰彦・妹尾渉，2011，「教員の異動・研修が能力開発に及ぼす直接的・間接的
　経路に関する考察」，『佐賀大学文化教育学部研究論文集』第16集1号，1-20頁．
木下康仁，2003，『グラウンデッド・セオリー・アプローチの実践　質的研究への
　いざない』弘文堂．
国立教育研究所，1983，「公立学校教職員の人事行政に関する研究」，『国立教育研
　究所紀要』，第104号．
国立教育政策研究所，2017，「公立学校教員の管理職昇進に関する研究―「学校教
　員統計調査」の二次分析による現状把握―」，『児童生徒の資質・能力を育成す
　る教員等の養成，配置，研修に関する総合的研究報告書』．
小杉進二，2020，「校内人事における校長の意思決定プロセスとその規定要因―A
　県公立中学校の事例に着目して―」，九州教育経営学会紀要第26号，43-51頁．
佐藤全・若井彌一，1992，『教員の人事行政―日本と諸外国』ぎょうせい．
武智康晃・チニンタアプリナ・岡谷絢子・田中理絵，2015，「教職員の意識調査⑴
　若手教師への指導基準と異動時の困難に着目して」，『山口大学教育学部研究論
　叢．第3部，芸術・体育・教育・心理』第65号，169-178頁．
町支大祐，2015，「教育経営における教員人事異動の研究：決定過程における学校
　の関与の評価」，『東京大学大学院教育学研究科紀要』第55号，471-480頁．
町支大祐，2019，「中学校教員の異動後の困難に関する研究―初めての異動に着目
　して―」，『教師学研究』第22号第1巻，37-45頁．
ベネッセコーポレーション，2007，『学校長の裁量・権限に関する調査』，https://
　berd.benesse.jp/berd/center/open/report/gakkou_cho/2007/pdf/data_11.pdf
　（2021.6.28最終閲覧）
保坂亨，2009，『"学校を休む"児童生徒の欠席と教員の休職』学事出版．
保坂亨，2010，「教員のメンタルヘルス問題を構造的にとらえる」，『日本教育経営
　学会紀要』第52号，129-133頁．
元兼正浩，1993，「校長人事異動の実証的研究―福岡県立高等学校を事例として」，

『日本教育行政学会年報』第19号，149-160頁.
文部科学省（教職員のメンタルヘルス対策検討会議），2013，『教職員のメンタルヘルス対策について』，https://www.mext.go.jp/component/b_menu/shingi/toushin/__icsFiles/afieldfile/2013/03/29/1332655_01.pdf（2021.6.28最終閲覧）
山﨑準二，2012，『教師の発達と力量形成―続・教師のライフコース研究―』，創風社.

第3部

実践的研究論文

1. 小学校児童が「沈黙とは何か」を考える授業実践の教育的意義
   ──アイディの現象学的知見を手がかりに

小学校児童が「沈黙とは何か」を考える授業実践の教育的意義

―アイディの現象学的知見を手がかりに―

早稲田大学系属早稲田実業学校初等部 **神林 哲平**

1. 問題の背景と研究目的

　小学校学習指導要領では，「自己の生き方を考える」といった記述が，キーワードの1つとして「道徳教育」「道徳科」「総合的な学習の時間」「特別活動」の各教科等における目標に見られる（文部科学省, 2018）。その目標の実現に向けては，「なぜ〜するのか」「〜とは何か」といった物事の意味を内省的に考えることが出発点になるだろう。例えば「なぜ学習をしなければならないのか」といった問いは，かねてから多くの児童が抱く典型の1つだが，こうした切実な，実存的な問いに自ら納得する答えを考えるということは，自己の生き方の見つめ直しへとつながる可能性がある。そうした点で，物事の意味を考える活動には，今日的な社会的意義があると思われる。

　こうした背景から，本研究では児童が主体となって「沈黙とは何か」を考える活動に着目したい。「沈黙は気まずくなるから苦手」といった先入観をもつ児童が少なくないなかで，その意味を考える活動は，自己の生き方を見つめる契機になると考えたためである。

　沈黙に関する先行研究には，ピカート（Picard, 2014）による哲学的考察やボルノー（Bollnow, 1982）による人間学的考察といった蓄積があり，例えば倉澤（1974）へのピカートの影響など，教育研究にも示唆を与えている。こうした倉澤をはじめ，教育場面における沈黙に着目し，その意味を考察した研究は，国語教育，言語活動，幼児教育，カウンセリングといった文脈で

展開されてきた（鶴田，1983；武藤，2013；大屋，2020；篠原・佐野，2001）。そこでは，沈黙は停滞ではなく自己内対話による創造的な場だといった意義が示され，現在の学校教育で重要視されている「主体的・対話的で深い学び」における対話の概念を拡張する可能性が読み取れる。これらの研究は，児童が沈黙する場面から研究者や実践者がその意味を考察している。つまり，児童の沈黙について，あくまで第三者が意味づけるということであって，児童が主体となって沈黙の意味を考えたというわけではない。

　一方，児童自身が沈黙の意味を考えた論考は数少ない。例えばウィルソン（Wilson，1962）は，中学2年生の英語（国語）授業冒頭に3～5分程度の沈黙する機会を設け，その活動の一環で生徒に沈黙の意味を記述させた。そこでは，「沈黙の間，しばらく頭がぼおっとして真っ白になった」「自分自身のことを考える唯一のチャンス」といった記述が見られる（Ibid.，p.353）。シェーファー（Schafer，2009）では，音の教育である「サウンド・エデュケーション（以下，SE）」の課題として「あなたにとって，静寂とはなにを意味するのだろう？「静寂とは……」で始まる文章を，自分で好きなように完成させなさい」（p.101）という活動が示されている。そこでは，児童であれば，静寂とは「口を閉じること」「空想にふけること」「眠ること」，大人であれば「こころのある状態に過ぎない」「自由や平和のようにとらえがたい」「不可能である」といった実例が示されている（同書，pp.101-102）。シェーファーはそれらを比較し，大人の態度の方が否定的であること，そして北アメリカ人による回答であることから，他文化での肯定的な価値を見出す可能性に言及した（同書，pp.102-103）。

　このように，児童が主体となって沈黙の意味を考える実践に着目した先行研究は，量的に十分な蓄積があるわけではなく，内実としても実践報告の域にとどまる。それゆえ，その教育的意義に関する妥当な仮説（モデル）については議論の余地が残されていると言えよう。こうした点を踏まえ，本研究は，児童が沈黙の意味を考える授業実践の分析を通して，その教育的意義についてのモデルを生成していくことを目的とする。

２．方法

⑴　現象学的アプローチ

　先行研究において妥当なモデルが既に生成されている場合には，その検証のために量的研究法が有効だが，本研究の関心領域では妥当なモデルが構築されていない。その点に鑑み，本研究はモデル生成に有効な方法である質的研究法に着目する。そして，質的研究法の１つとして位置づけられ，「教育実践の観察やインタビューと，それにもとづく考察を，「現象学」によって深め学問的に基礎づけようとする研究方法」（田端，2014, p.78）である「現象学的アプローチ」を用いる。その理由は，以下の２点である。

　第一に，本研究における授業実践は個別的な一回性の活動であるが，現象学的アプローチは一回性を担保しつつその本質をもまた記述しうるためである。このアプローチは一回性を重視することから，例えば実証性や再現性といった科学性や客観性とは相反するように捉えられてしまうことがある。しかしながら，ジオルジ（Giorgi, 2013）によれば，科学性という概念において「最初に克服されなければならない偏見は，量化が科学において厳密である唯一の様式であるという考え」（p.85）だという。現象学的アプローチは，「諸々の本質あるいは不変の意味（素材的形相）の叙述を通じて，経験の内容を安定した仕方で叙述する一つの在り方」（同書, p.91）とされる。つまり，量が問題なのではなく，個別的な一回性の事柄から諸々の本質を記述することが可能なアプローチだと言えよう。

　第二に，本研究は筆者が授業実践者となり，構想，実践から考察に至るまでを行うという意味で，当事者性を有しているためである。例えば，授業を展開していくにあたっては，授業者の教育観が背景として少なからず影響する。現象学的アプローチでは，研究対象と研究者（実践者）とが切り離せない関係にあることが強調される。実践者である「私」を出発点に，事後的に反省し，創造的な知見の生成を目指すのである。

⑵　本研究が手がかりとするアイディの概念

　現象学アプローチでは「実践の諸事実と現象学的知見とを照らし合わせ，関連する現象学の諸概念を使って事実を記述的に考察する」（田端，2014，p.79）。本研究は「実践の諸事実」として，授業実践のワークシートにおける児童の記述を対象とし，現象学的知見として，アメリカの哲学者アイディ（Ihde，2007）の知見に定位する。現象学のテーゼの「事象そのものへ」に鑑み，フッサールにおける「厳密な学としての哲学」とは異なる実践性を強調するアイディの志向が，本研究と合致するためである。アイディ（2007）は聴くことと声を主題として沈黙も考察しているが，その知見と授業実践とを照らし合わせた論考は，管見の限り見当たらない。それゆえ，アイディへの着目が本研究の独自性になると考えた。

　本研究で考察の手がかりとするアイディの現象学的知見は，主に次の２点である。第一に「経験の多音性（polyphony of experience）」である。アイディ（2007）は聴くことについて「あらゆる音は広い意味での「諸々の声」，つまり諸事物の声，他者たちの声，神々の声，そして私自身の声である」（p.147）と，神々の声といった想像的なものや自身の声のうちの内言等，物理的な音波とは異なる様相も含める。これらの音や声を同時的に聴く状況をアイディは「経験の多音性」と捉え，「知覚的と想像的な形式の二重の様式性における声の二重奏がある」（Ibid., p.117）と述べる。本研究ではこの「経験の多音性」を手がかりに，先行研究とは異なる視点から「主体的・対話的で深い学び」の対話の概念を拡張する。

　第二に，「聴くことの倫理学（ethics of listening）」である。アイディは沈黙について，他者が沈黙している場合にも表情等から意味を読み取れる「意味を有する沈黙」（Ibid., p.177）や，「他者には隠されたままである内言の「沈黙した声」」（Ibid., p.179）というように外側からみた内言の沈黙といった構造を見出す。それらの構造を踏まえた上で「聴くことの倫理学」の可能性に触れ，「沈黙に対する敬意が，その倫理学における一部を担うにちがいない」（Ibid., p.180）と述べる。アイディは「声と思考の満場一致を前提」とする沈黙した同意に依存せざるをえない倫理学の「もろさ（fragility）」

を指摘し，そこには言葉をコントロールしようとする還元主義者の戦略が潜んでいることに言及する（Ibid.）。しかしながら，そうした倫理学のもろさにあって，アイディはこの沈黙のコントロール不可能性を言葉の弱みではなく強みと捉え，そこに実存の意義を見出す（Ibid.）。本研究では，この「聴くことの倫理学」が「自己の生き方を考える」ための契機になることを考察する。

３．授業実践の概要と実際

(1) 自己経験と他者経験の視点

　児童が主体となって沈黙について考える授業実践では，多面的な視点における共通要素から沈黙の本質を捉え，教育的意義のモデルを生成するのが有効と考えた。そこで，今までの自分の経験を出発点に考える場合（自己経験）と，他者の沈黙に関する経験を出発点として第三者的に考える場合（他者経験）を想定し，意図的に異なる学年，児童における授業実践を対象とした。なお，本研究はモデル生成を志向するため，「自己の生き方を考える」ことが目標に見られる前述の各教科等以外の教科も含めて検討することとした。

(2) 「沈黙とは何か」を考える２つの授業実践

　自己経験の視点では，前述のシェーファーにおけるSEを対象とし（以下，実践A），他者経験の視点では，国語の文学作品から「沈黙とは何か」を考える実践を対象とした（以下，実践B）。授業の概要は「教材とその設定の理由」「時期と教科等の位置づけ」「対象児童とその実態」「１時間の授業実践の主な学習活動」「「沈黙とは何か」に対する児童の記述の概要」の各項目から整理した（表１）。児童の記述には，記述数（１人が複数記述した場合もあり，人数ではない），及びワークシート（WS）の提出数全体（実践Aは32枚，実践Bは31枚）に占める割合を表記した。記述数が同数のものは，／で区切ってまとめた。

表1　授業の概要と実際の児童の記述

	実践A	実践B
教材とその設定の理由	サウンドスケープ思想を提唱したシェーファーが開発したSEは，自分の身の回りの音環境が対象となるため，自己経験の視点として妥当だと判断した。沈黙について考える活動はSEの1つである。対象児童においては，1日のうちに印象に残った音を記す「音日記」の発展版「きくこと日記」の中で，夜の音をきいて静けさを見出す記述や，釣り堀で魚がかかるのを静かに待っていると環境音が聞こえるといった記述が見られた。静けさについて児童が必要感をもって考えられるのではないかと判断し，年度の終盤となる時期にこの実践を設定した。	『世界でいちばんやかましい音』（ベンジャミン・エルキン作）を選定。文学作品では，「意味を問う教育」（西郷，2003）に価値を見出す潮流があり，他者経験として考えるのに妥当だと判断した。対象児童の学校では，年度末に学習成果を朗読等で伝える「学習発表会」が実施される。当該年度は「きくこと」をテーマに構成。そこで，きくことがモチーフの文学作品であり，当時の5年の教科書（東京書籍版）に掲載され発達段階も妥当なことから設定した。導入時に児童自身が学習問題を考える活動を設け，そのうちの1つ「沈黙とは何か」を対象とした。
時期と教科等の位置づけ	201X年度3月に特別活動（学級活動）として実践。旧学習指導要領（特別活動）の内容〔共通事項〕「(2)日常の生活や学習への適応及び健康安全 ア 希望や目標をもって生きる態度の形成 ウ 望ましい人間関係の形成」（文部科学省，2008，pp.112-113）を踏まえた。	201X＋3年度2月に国語として実践。旧学習指導要領（国語）の第5学年及び第6学年の内容「C 読むこと エ 登場人物の相互関係や心情，場面についての描写をとらえ，優れた叙述について自分の考えをまとめること」（文部科学省，2008，p.26）を踏まえた。
対象児童とその実態	Y小学校201X年度3年生34名（男子22名・女子12名）。対象となった児童は，ここまで「きくことって何？」「身の回りの音と心の音」「夢の音」「きくこと日記」といったSEを積み重ねた。その影響もあり，年度当初は聞く対象を人の話だけと捉えていた児童に変化が見られ，音楽，環境音に加え，心の声や空耳，夢の音といった物理的な音波とは異なる様相も捉えるようになった。	Y小学校201X＋3年度5年生36名（男子23名・女子13名）。実践Aの対象児童とは異なり，年間を通じたSEの実践は行っていない。10月に，みんなの本音をききたいという児童の声から実現した話し合いが発展し，11月には「きくこととは何か」を考える実践を行った。漢字表記の視点，相手の気持ちを受けとめる視点等が見られ，ここから学習発表会のテーマ設定につながった。
一時間の授業実践の主な学習活動	①「静けさ（沈黙）とは何か」について考える（WS「静けさ（沈黙）は，自分にとってどんな意味をもつのか？ 静けさ（沈黙）とは…」）。②近くにいる児童と考えをできるだけ多く共有し，仲間わけをする。③実際に沈黙し，何か聞こえた音があれば共有する（WS「静けさ（沈黙）の中で，何か聞いているのか？」）。④学習した感想を書く（WS「感想」）。	①児童の疑問から設定された学習課題「沈黙とは何か」について話し合う。②教材の叙述にある「無音状態」や「静けさ」との関連で考える。③各自で学習課題についての最終的な考えをまとめ，物語の主題や感想を書く（WS「沈黙とは何か？（なぜ自然の音は聞こえるのに，沈黙なのか？）」「主題」「学習を終えての感想」）。

「沈黙とは何か」に対する児童の記述の概要				
	集中する	12 (38%)	人が黙る	28 (90%)
	頭の中で考える	11 (34%)	自然の音はあってもいい	14 (45%)
	心が落ち着く	10 (31%)	無音状態は自然の音もない	10 (32%)
	心の声を聞く	8 (25%)	登場人物にとって沈黙	6 (19%)
	願う／静かになる／人の意見をきく／一人でいたい	2 (6%)	自然は黙らせられない／気持ちが沈む	4 (13%)
	いつもきけない音がきける／世界に入り込む／小説を読みたくなる／つまらない／何かしてという意味／書く／イヤな空間／一言もしゃべらない／ボーッとする／緊張する	1 (3%)	無音状態ではなく無言状態／心の音は聞こえる	2 (7%)

4．考察

(1) 児童の記述の共通要素への着目

　それぞれの記述について比較すると，実践Aでは多様な記述が見られる分，集団の傾向と言えるほど高い割合のものがない。実践Bでは，「人が黙る」といった記述は集団の傾向と言える高い割合を示しているが，多様性は実践Aほどであるとは言えない。このように，それぞれの実践の記述には差異が見られたが，その中で共通する内容もある。大村（2019）は，「教師の意図」が影響する「集団の意図」に当てはまらない「個の事実」を価値づけたが，この知見と同様に，必ずしも数が多い記述が本質的だとは限らない。現象学においても，量に依拠しない本質の捉え方が可能である。本研究では，双方の実践に見られた共通要素を沈黙の本質として捉えて考察する。具体的には，実践Aの「心の声を聞く」「いつも聞けない音が聞ける」と実践Bの「心の音は聞こえる」「自然は黙らせられない」に着目する。ここからは「完全な沈黙は生み出せない」ということが読み取れる。以下では，この点について児童が記述した感想とアイディの現象学的知見とを照らし合わせて考察したい。

(2) 「経験の多音性」による対話の広がり

　児童は，沈黙の中にも音があることに着目した。例えば，実践Aで次の感想が見られた。

> 静けさの中の声は，自然の音以外に，心の声があるので，いつ，どこでも「きく」ことができると分かった。だから，時を止めないと「きく」は，途切れない。

> 今日で「いつでも音は，ある」という事が分かりました。「今書いている時も鉛筆の音や心の声がいつでもある」と今思いました。このように今も未来もいろいろな音が消えることなくあることが分かりました。

　このように，聴覚と時間の深い関係に児童は気づく。そして，一般的には物理的な音波としては捉えられない「心の声」を含めて考察している。自然科学的というよりも生活経験的な捉え方と言えよう。これは，今までのSEの実践で心の声について触れた影響が大きいと考えられる。アイディ（2007）の「経験の多音性」を手がかりとするならば，児童自身が沈黙した状態でも，現実世界では身の回りの音が途切れることはなく，児童には知覚的と想像的な音という「声の二重奏」（p.117）が同時的に聞こえている。さらに押し進めると，たとえ宇宙のような無音空間で，客観的にはその主体が沈黙し，物理的にも静寂が広がっているような状態でも，沈黙した主体には想像的な心の声が聞こえうる。「経験の多音性」により，「時を止めないと「きく」は途切れない」「今も未来もいろいろな音が消えることなくある」といった聴覚と時間の関係を考察した児童の記述を豊かに捉えられるのである。

　こうした児童の生活経験的な捉え方は，以下に述べるような「主体的・対話的で深い学び」を広げ深める教育的意義に結びつく可能性がある。第一に，「心の声を聴くことによる自己内対話」の意義である。実践Aにおいては，以下の記述が見られた。

> 「静けさ（沈黙）」は，心の声とつながっていき，心臓や頭の中の声が入ってくることがあると分かった。

> 静けさ（沈黙）とは集中している時や考えている時，落ち着いている時，ほっとしている時という事が分かりました。でも，心の中はざわざわしていたり，色々な事を考えている。なので自分の外側が静かにしていたとしても自分の内側（心の中）はざわざわしている。

　沈黙において心の声を聞くことは，自分自身との対話の契機になると思われる。実践Aでの「頭の中で考える」といった記述のように，心の声を聞くことで考えを深める可能性があり，対話的な学びが他者とだけとは限らないことを示唆する。アイディは，沈黙した事物が話す事例として，雷雨から逃

げる小作農が描かれた絵葉書を取り上げ，そこに雨の音や小作農の走る音，むしろのカサカサする音を聞くことができる，とした（Ibid., p.111）。何かの事物が対象となり，そこから想像した音や声から自己内対話が始まると言える。

　第二に「環境音を契機とした対話的な学び」である。実践Bでは，次の記述が見られた。

完全に音の無い時間は無いのだから，より価値のある「音」を優先して聴くべき。人のたてる騒々しい音は，たてようと思えば誰だってたてられる，雑音にすぎない。でも，自然の音は，「自然」しかたてられない。そして，様々な類いの音がある。こう考えると，「自然の音」を優先して聴けば，何か発見があるかもしれない。

静けさをつくることで，学ぶことがある。王子（筆者注：物語の登場人物のギャオギャオ王子）が，静けさを聞いた時，落ち着きを知ったり，自然の音を聞いた。→学ぶこと（変化）に，あてはまると思う。→人によって学ぶことは様々だから，学ぶことにしました。

　こうした記述からは，外界にある物理的な環境音による学びを創発する可能性が見て取れる。環境音は言語的な言葉であるとは限らないが，それが自己内対話の出発点となりうると考える。アイディは，言語学的な言葉ではない事象もまた，「意味としての言語」（Ibid., p.148）として広義の言語に位置づけた。それゆえ，このような環境音からも意味を見出すことが可能であると言える。こうした事象もまた，対話の対象が他者とだけではないことを示唆する。対話の概念を拡張する事例となるだろう。

　このような対話の拡張は，双方の実践の出発点である自己経験，他者経験を架橋しうる。自己経験を出発点とした実践Aでも，他者の声や環境音を聞いたり，想像的に他者になりきって自己内対話をしたりすることは，間接的に他者経験ができるということである。アイディは，知覚経験にない想像経験の特質として，第三者的に外から他者を見るように自分自身を見たり，他者自身にもなりきれたりすることを挙げている（Ibid., p.119）。他者経験を出発点とした実践Bであっても，自己内対話においては自己経験とも結び付けられる。

　以上のように，心の声や音，環境音を聞くことによる対話的な学びの可能性を沈黙は有していると考えられる。沈黙が新たな学びになる可能性に触れた実践Bの記述を載せる。

> 物事を色々な観点から見る重要性。「日常の音」をやかましいといういつもの観点から見るのでなく，「沈黙」という観点から見ることで，「自然の音」という全くちがった物が見えた。この重要性は，高い。

　完全な沈黙は，生じがたいからこそ，心の声や環境音といった「経験の多音性」が際立ち，そこからの対話の拡張が「主体的・対話的で深い学び」の捉え直しへとつながるのである。

⑶　沈黙から「聴くことの倫理学」へ

　実践Bでの「自然は黙らせられない」のように，実践Aでも次の記述が見られた。

> 周りの音，自分の心の声，自然の音など，自分で静かにしようとしても止めることのできない（静かにならない）音があるので，完全な「沈黙」は，できない。

　こうした記述は，沈黙が人為的にコントロールできないことを表していると思われる。児童自身が沈黙を生み出し，その意味を考えたゆえの気づきだろう。アイディ（2007）は，「沈黙としての地平は，その中心を状況づけたり，取り囲んだりする」（p.161）と述べる。沈黙を生み出さなければ，中心（児童の記述では「周りの音，自分の心の声，自然の音など」）が状況づけられる（気づかれる）こともない。「完全な「沈黙」は，できない」からこそ，沈黙の肯定的な価値を見出すきっかけになると言える。

　沈黙を人為的にコントロールできないことは，自然（環境）に対してだけでなく，他者に対しても該当する。沈黙する他者が何を考えているのかは，実のところ分からないし，極端に言えば威圧的に他者を沈黙させたとしても，その心の声まではコントロールできないためである。しかしながら，例えば「発言せずに沈黙していることは，同意していることと同じだ」といった論は，学校教育でも話し合い活動等での発言を促すために時折見られる。ここには，沈黙する他者をコントロールしようという意図が内在している。アイ

ディの「聴くことの倫理学」の記述によると，そうした沈黙の同意は「声と思考の満場一致を前提としている」（Ibid., p.180）。固定観念的に沈黙を同意と見なす論調は，多様な意見を捨象してしまう懸念がある。実際は，声と思考が満場一致することばかりではない。それゆえ，アイディが述べたように沈黙のコントロール不可能性を言葉の弱みではなく強みと捉えることには意義があると思われる。このように，固定化された前提を捉え直すという意味で，「聴くことの倫理学」には「自己の生き方を考える」ための価値が見出せる。

　言葉のコントロールという意味では，実践Bの文学作品においては，登場人物が民衆をコントロールしようとしたが，思い通りにはならなかった。しかしながら，思いがけず訪れた沈黙から新たな発見をした。その沈黙もまた完全なものでなく，そこには自然の音があったためである。次の記述は，そうした言葉のコントロールに関連づけられる。

> 思い通りにならなくても，それが大きい発見につながる時がある。ギャオギャオ王子は，一番うるさい音を求めていたのに，一番静かな音を聞いて，とても期待はずれだったけれど，生まれてはじめての体験で，手をたたいて大喜びし，すっかり気に入ったから。

　言葉や音をコントロールしようとしても完全にはしきれないこと，それゆえ完全な沈黙は生じえないこと，心の声によって自由に思考可能であること，コントロールしきれなくてもそこには学びがある（児童の記述では「思い通りにならなくても，それが大きい発見につながる」）こと，といった「聴くことの倫理学」にまつわる諸側面が，沈黙について考察することで浮き彫りとなってくる。こうした沈黙による諸々の実存的可能性の拡張が「聴くことと声の存在論」（Ihde, 2007, p.180）を構成する。例えば「沈黙は気まずい」というように今まで当たり前と思っていたことが捉え直され，肯定的な価値を見出すといった新たな学びの獲得は，自己の生き方を変える契機となる可能性がある。このように，自己の生き方へとつながりうる教育的意義を沈黙は有していると思われる。

5．本研究の射程と今後の展望

　本研究は，モデル生成を志向した質的研究であるため，最後にここまでの議論を踏まえたモデルを**図1**として示す。

　児童が主体となって自己経験と他者経験を出発点とした文脈から「沈黙とは何か」を考える実践を通して，現代の教育動向にも示唆を与える以下の2点の知見が得られた。すなわち，①心の声を聴くことでの自己内対話や環境音を契機とした対話的な学びといった，経験の多音性による対話の広がりから「主体的・対話的で深い学び」の捉え直しが可能なこと，②言葉や音をコントロールしようとしても完全にはしきれないといった聴くことの倫理学から，今まで当たり前と思っていたことが捉え直されるという意味で自己の生き方につながること，である。沈黙に関する教育研究においては，児童の沈黙場面から研究者が客観的に沈黙の意味を探るといった先行研究に対して，児童自身が沈黙について考えた記述から実践者が沈黙の意義を探る研究として新たな方向性を示したと言える。児童自身が沈黙の意義をメタ認知できる可能性を有している点が，先行研究との差異である。

　今後の展望としては，本研究において生成されたモデルを検証していくことを挙げたい。2つの授業実践においては，ワークシートの取り組ませ方や発問の仕方といった諸条件を整備することで，より精緻な検証が可能となるだろう。

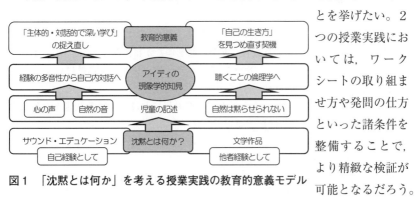

図1　「沈黙とは何か」を考える授業実践の教育的意義モデル

［キーワード］

　聴くことの倫理学（ethics of listening），文学作品（literary works），経験

の多音性（polyphony of experience），沈黙（silence），サウンド・エデュ
ケーション（sound education）

〈引用文献〉

ボルノー, O. F.（1982）．沈黙：人間学的考察（吉村文男・下程息, 訳）．下程勇吉
　（編），教育人間学研究（pp.654-664）．法律文化社．

ジオルジ, A.（2013）．心理学における現象学的アプローチ：理論・歴史・方法・
　実践（吉田章宏, 訳）．新曜社．

Ihde, D.（2007）．*Listening and Voice: Phenomenologies of Sound*（2nd ed.）．Albany:
　State University of New York Press.

倉澤栄吉（編著）（1974）．聞くことの学習指導．明治図書．

文部科学省（2008）．小学校学習指導要領．東京書籍．

文部科学省（2018）．小学校学習指導要領（平成29年告示）．東洋館出版社．

武藤理恵（2013）．言語活動における沈黙の意味：沈黙は言語活動の停滞か．言語
　文化教育研究，11，175-189．

大村龍太郎（2019）．総合的な学習の時間における「教師の意図」「集団の傾向」
　「個の事実」の関係から見取るべき学びの個別性：地域活性化の取組を教材化し
　た小学校第5年生の実践事例におけるA児の学びを手がかりに．学校教育研究，
　34，118-132．

大屋理香（2020）．幼児の造形活動における素材との対話：沈黙することの意味．
　ホリスティック教育／ケア研究，23，89-98．

ピカート，M.（2014）．沈黙の世界（佐野利勝，訳）．みすず書房．

西郷竹彦（2003）．意味を問う教育：文芸教材をゆたかに，深く読む．明治図書．

シェーファー，R. M.（2009）．サウンド・エデュケーション（鳥越けい子・若尾
　裕・今田匡彦，訳）．春秋社．

篠原恵美・佐野秀樹（2001）．カウンセリング過程における沈黙の意味：不登校状
　態にある女子高校生との面接を通して．教育相談研究，39，23-30．

田端健人（2014）．現象学アプローチ．日本教育方法学会（編），教育方法学研究
　ハンドブック（pp.78-81）．学文社．

鶴田清司（1983）．授業における沈黙の意味：武田常夫の事例を中心に．東京大学
　教育学部紀要，23，377-386．

Wilson, N.（1962）．A sense of silence. *The Clearing House: A Journal of Educational
　Strategies, Issues and Ideas*, 36（6），353-354.

第4部

実践研究ノート

「深い学び」を実現するための道徳科授業づくりに関する一考察

名古屋市立二城小学校　**松下　恭平**

1．研究の背景と目的

　小学校において特別の教科　道徳（以下，道徳科）が始まり，4年目を迎えている。

　今回の教科化は，「いじめ」問題に端を発し，中央教育審議会（2016）は従来の道徳の時間の課題を以下の4つにまとめた。

　〇道徳の授業が満足に行われていない

　〇特定の価値観の押し付けや言われるままに行動するような指導

　〇読み物の登場人物の心情理解のみに偏った形式的な指導

　〇発達段階を考慮せず，児童生徒に望ましいと思われる分かり切ったことを言わせたり書かせたりする授業例

　これらの課題を解決するためのキーワードとして「考え，議論する道徳」が挙げられ，そのような授業づくりを目指すよう学校現場には量的にも質的にも転換を求めた。

　ところで，「考え，議論する道徳」への量的・質的転換が促される一方で，新学習指導要領においては「主体的・対話的で深い学び」を目指すことが明記された。この「主体的・対話的で深い学び」というキーワードの中には「考え，議論する」という意味が包括されると捉えてよいだろう。

　では，道徳科における「主体的・対話的で深い学び」とはどのようなものなのか。中教審のワーキンググループ（2018）によれば「習得・活用・探究の見通しの中で，教科等の特質に応じた見方・考え方を働かせて思考・判

断・表現し，学習内容の深い理解や資質・能力の育成，学習への動機付け等につなげる等「深い学び」」とある。この文から判断するに，道徳科における「深い学び」とは①教科等の見方・考え方を働かせて思考・判断・表現すること，②学習内容を深く理解すること，③資質・能力を育成すること，④学習への動機付け等につなげるものの4点であると理解できる。

渡邉真魚（2019）は，道徳科において，実際に授業を行う教員に視点を置き，生徒にどのような資質・能力を育みたいかを質問紙調査している。テキストマイニングによる分析の結果，授業者は，道徳の時間に目標を達成するために，身に付けさせたい資質・能力をイメージしていること，など3点を明らかにした。これは，主に上記③の視点からのアプローチと言える。

浅部航太（2019）は，児童の道徳性を養うためには，児童自身が自己の成長を実感することが大切であるとの視点から，学習後の児童の振り返りの記述をテキストデータとし分析している。分析結果からは，振り返りを蓄積した成長報告書を書かせることで，児童が道徳科での学びを日常生活に生かしている点に気付くこと，など3点を児童自身が自己の成長を実感するために必要であると示唆した。これは先に述べた①～④の中でも，②を行うことで④を促すという視点でのアプローチと言える。

いずれも，「深い学び」を実現するための授業づくりにおいて大切な視点について示唆している。それぞれテキストマイニング分析を取り入れた分析を行っているが，渡邉は教員視点，浅部は児童視点となっている点が異なる。

また，授業づくりという視点では，松田憲子・土田雄一（2019）が教員のニーズに焦点を当てた研究を行った。これらの研究の中で，経験年数や教科に関わらず，授業づくりにおいて，発問を考えることに対する困り感を抱いていることを明らかにしている。

ところで，これらのことは，あくまで教員目線での授業づくりについて述べられているものが多く，浅部のように授業を受ける主体である児童目線での実践研究はまだ数が少ないと言える。従来は，教材があり，目指す児童像があり，その目指す児童像に近付けるために，どのような手立てが良いか，という流れが多かったように感じられる。しかし，あくまで学習の主体は児

童である。児童の振り返り等の記述を掲載したり，一つ一つの記述を取り上げ，どの部分が狙いと関連しているか，という判断をしたりしているものは多く見られる一方で，学級単位での記述を集計しながら分析している実践は数が少ない。

　学習の主体である児童が道徳の授業に対し抱いている考えや思いを明らかにすることは，教師にとっての授業づくりの方略，という点に寄与すると考える。これは，先に挙げた道徳科における深い学びの④学習への動機付け等につながると推察できる。さらに，児童の考えや思いを明らかにした上で，授業づくりを行うことは，児童にとって深い学びとなるだろう。これは，同じく先の視点②とも合致する。

　そこで，本研究では，1年間道徳科の学習を行った児童の記述を基に，児童は道徳の学習に対し，どのような考えや思いを抱いているのかを明らかにしたいと考えた。そのために，学期ごとに，印象に残った教材とその理由を聞いたり，学期を通して分かったことや考えたことを記述させたりした。

2．研究の方法

　担任した小学校6年生1クラス（男子24人，女子15人）を対象に，学期ごとに質問紙調査を行った。学期ごとに行った学習内容を教材名で並べ，どの授業が一番印象に残っているかを1〜3位まで選ばせた。合わせて，1位を選んだ教材については，「1位を選んだ学習について，その理由を書きましょう。」と自由に記述させた。また，「○学期の道徳授業全体を通して，学んだこと，考えたこと，自分が成長したことを書きましょう。」と，道徳科の学習に対しての感想を書かせた。

　質問紙配布の段階で，個人が判別されない，成績に反映させない，適切に処理する等の配慮事項について，児童に説明した。なお，授業のスタイルに関しては，永田繁雄（2014）を参考に，テーマ発問を取り入れた学習を多く進めた。使用した教科書は，教育出版『小学道徳6　はばたこう明日へ』である。基本的には教科書教材を使用したが，他社教材等を使用したものに関しては，別途※印を記しておく。

　各学期，質問紙回収後は，選ばれた教材について１位を３点，２位を２点，３位を１点とし，集計した。自由記述欄に記述されたものをテキストデータとし，学期ごとにテキストマイニング分析を行った。使用したソフトはKH Coderであり，頻出語句と共起ネットワークを基に，児童の考えや思いについて考察することとした。

3．結果と考察

　問い「１位を選んだ学習について，その理由を書きましょう。」の自由記述における頻出語句を学期ごとにまとめた（表１）。頻出語句については，５回以上出現したものを取り上げた。

表1　自由記述における頻出語（１位選択理由）

1学期		2学期		3学期	
抽出語	出現回数	抽出語	出現回数	抽出語	出現回数
命	25	思う	14	命	44
考える	20	自分	11	考える	20
自分	19	自由	11	大切	19
思う	17	男女	8	思う	12
大切	16	考える	7	価値	11
生かす	7	大切	7	出来る	6
友達	7	命	7	長所	5
残る	6	ルール	6		
夢	6	人	6		
一番	5	理由	6		
印象	5	選ぶ	5		
授業	5	分かる	5		
分かる	5	良い	5		
勉強	5				

　概観すると，「命」や「考える」「思う」という語句は各学期に散見される。
　また，問い「○学期の道徳授業全体を通して学んだこと，考えたこと，自分が成長したことを書きましょう。」の自由記述における頻出語句をまとめた（表２）。これらを基に，各学期について考察していきたい。

表2 自由記述における頻出語（学期のまとめ）

1学期		2学期		3学期	
抽出語	出現回数	抽出語	出現回数	抽出語	出現回数
考える	20	考える	22	考える	17
思う	17	人	19	大切	17
自分	16	思う	15	思う	11
人	14	自分	14	自分	11
命	10	学ぶ	13	道徳	11
大切	9	大切	9	学ぶ	10
授業	7	考え	8	人	9
道徳	7	道徳	8	命	8
友達	6	意見	7	授業	7
考え	5	自由	7	意見	6
自由	5	学期	6	気持ち	6
少し	5	気持ち	6		
成長	5	たくさん	5		
生きる	5	成長	5		
分かる	5	力	5		

(1) 1学期

1学期に行った授業は，表3の通りである。教材名の前にある数字は，児童のアンケートを先述の通り得点化した合計値である。なお，1位だけを選択したものや1位と2位だけを選択したものについては，その部分は得点化して集計した。

表1，表3より児童の意識の中で「命」につい

表3 1学期の授業ならびに内容項目一覧

教材名	内容項目
0 六年生の道徳の学習が始まるよ	
14 人生を変えるのは自分	A－(5)
12 志を立てる	A－(5)
30 手品師	A－(2)
19 友達だからこそ	B－(10)
17 ブランコ乗りとピエロ	B－(11)
45 生かされている「大切な命」	D－(19)
11 食事中のメール	A－(3)
19 心の管理人（※）	A－(3)
31 安全についてみんなで考えてやってみよう	A－(3)
22 応えん団の旗	C－(16)

て「考える」学習を選んでいることが分かる。**表3**中の教材「生かされている「大切な命」」は，主人公がある詩を見付け，その詩について考えることで，自分自身の命に対して，思いを深めるという教材である。学習では，児童自身に自分に関わる命がどれだけあるのかウェビングを用いて考えさせた。自分自身との関わりを視覚的に理解することで，児童は，自分の命も多くの存在に生かされていることを改めて理解することができた。

　表1では，「命」以外にも「残る」「生かす」「夢」など，教材に対応した語句も多く見られる。これは，**表3**における1位を選択した教材の合計得点の値と重なる。

　次に，**表2**であるが，**表1**と比較して「考える」「思う」が上位にある。児童にとって，道徳の学習を通して「考える」ことに意味を見出していると捉えることができる。一方，「命」も先に述べたように，印象に残った学習において，「生かされている「大切な命」」を挙げていることに起因すると考えられる。**表2**中の語句同士の共起ネットワークを見ると，**図1**のようになった。（Jaccard係数0.2以上を表示）

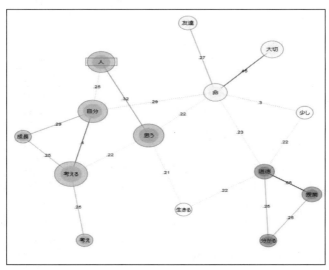

図1　自由記述（1学期のまとめ）に対する共起ネットワーク

最多出現の「考える」は「自分」との関連が高いこと（0.4）が分かる。また，「自分」という語句からは，「成長」という語句へのつながり（0.29）も見られる。例えば，【自分が成長したことは，いろいろな授業で，自分がよく考えることができるようになった。】という児童の記述があった。つまり，児童が「自分で考えることで成長を感じられる」という要素が大切であると言える。また，「道徳」―「授業」（0.5）のつながりは「分かる」という語句と結び付いている。（「道徳」―「分かる」（0.25），「授業」―「分かる」（0.25））つまり，児童の中で，学習を通して，学習内容を理解することが改めて大切であると認識していることがうかがえる。これは，『学習指導要領解説　特別の教科　道徳編』に見られる「道徳的諸価値についての理解を基に」という部分と通底する内容であると言える。

⑵　2学期

　2学期に行った授業は，**表4**の通りである。教材名の前にある数字は，児童のアンケートを先述の通り得点化した合計値である。なお，1位だけを選択したものや1位と3位だけを選択したものについては，その部分は得点化して集計した。

　表4からは，「うばわれた自由」が一番多くの得点を集めたことが分かる。その学習では，教材を通して考えることで，児童の自由への意識が，「好き放題やっ

表4　2学期の授業ならびに内容項目一覧

教材名	内容項目
24 六千人の命のビザ	D−(22)
34 うばわれた自由	A−(1)
3 情報について考えよう	C−(12)
10 百一才の富士	D−(21)
7 青い海を取り戻せ	C−(14)
11 「しかみ像」にこめられた思い	C−(4)
20 ひきょうだよ	C−(13)
11 究極の理想「平和」を求めて	D−(18)
23 ハインツのジレンマ（1回目）（※）	C−(12)，D−(19)
11 米百俵	C−(17)
20 ハインツのジレンマ（2回目）（※）	C−(12)，D−(19)
21 「ふつう」の世の中にしていくには（※）	C−(13)
19 絵地図の思い出	C−(10)
13 サマーボランティア	C−(14)

ていい」という意識から「自由の裏には責任がある」ということを自覚した意識に変容した。しかし，それ以外は，児童の票がかなり割れたと言える。それは，**表1**の頻出語句がかなり分散していることからも明らかである。

　また，**表2**より，2学期のまとめ段階においても，1学期同様「考える」が最多出現している。上位5つの中では，1学期の「命」と変わり「学ぶ」が入った。これは，上記**表4**より，2学期における学習内容に生命を直接的に扱った内容（Dの項目）が少なかったためだと推察される。

　さて，**表2**を基にして，学習のまとめにおける頻出語句の共起ネットワークを**図2**として示す。（Jaccard係数0.2以上を表示）

　図2より「考える」は「意見」と結びついている（0.26）ことが分かる。これは【自分と友達の意見や理由を比べたり，考えたりすることでより自分の考えが深まった。】という児童の記述からも，「ハインツのジレンマ」を主教材として，モラルジレンマ型の授業を展開した結果であると考えられる。また，「学ぶ」という語句が「成長」（「学ぶ」―「成長」(0.5)，「学ぶ」―「大切」(0.5)）と関連していることも分かる。これは，児童にとって，「自

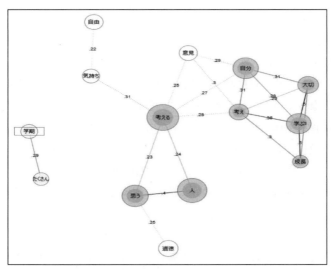

図2　自由記述（2学期のまとめ）に対する共起ネットワーク

分」で「学ぶ」(「自分」―「学ぶ」0.26) ことで成長を実感することの大切さを示唆しているとも言える。特に【2学期の道徳の授業を通して，生きていくために大切なことを<u>学んで</u>，自分自身もその授業のおかげで<u>成長できた</u>ので，とてもためになった。】という児童の記述は，まさに成長を実感したものであると言える。

(3) 3学期

3学期に行った授業は，**表5**の通りである。教材名の前にある数字は，児童のアンケートを先述の通り得点化した合計値である。なお，1位だけを選択したものや1位と2位だけを選択したものについては，その部分は得点化して集計した。

表5　3学期の授業ならびに内容項目一覧

教材名	内容項目
19 礼儀作法と茶道	B－(9)
24 父の言葉	B－(7)
14 山中伸弥先生の快挙	A－(4)
19 卒業に向けて	A－(1)
9 ひたすらに自分の心に従って－棟方志功―	B－(8)
89 78円の命（※）	D－(19)
6 藤前干潟を守る（※）	D－(20)
31 志を得ざれば再びこの地を踏まず	C－(15)
19 天から送られた手紙	A－(6)
11 心つながり，えがお広がり，世界へはばたく	C－(18)

表1において「命」が44回と3学期間の中で最多の出現回数となっている。これは，**表5**より，児童の印象に残った授業として「78円の命」が最も多くの得点となっていることと重なる。この教材は，愛知県教育振興会の『明るい心』に掲載されており，犬1匹を殺処分するのにかかる費用について書かれている教材である。この値段に驚いた児童の正直な印象がそのまま結果となっている。従来の学習において，命には価値を付けることができない，と考えていた児童の思考が，殺処分に必要な値段という有価値な状況において，戸惑いながらも自分の考えを深化させていった結果であると推察できる。だからこその合計得点値でもあると言える。

学期のまとめにおける自由記述の**表2**からは，3学期もこれまでの学期同様「考える」が最多出現となったが，3学期においては「大切」という語句

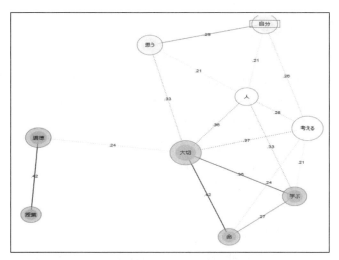

図3 自由記述（3学期のまとめ）に対する共起ネットワーク

も17回と最多出現をしている。

　図3の共起ネットワーク（Jaccard係数0.2以上を表示）で見てみると，「考える」と「大切」が結びついている（0.27）。具体的な記述として【これからは自分のためだけではなく，相手の気持ちも考えてあげることが大切だと思う。】といったものが見られた。児童は学習を通して，改めて道徳の学習では「考えることが大切である」との認識をもっていたことが分かる。

　同じく，「自分」と「考える」や「思う」が結び付いている（「自分」─「考える」(0.26)，「自分」─「思う」(0.29)）。児童の記述としても【自分には関係ないと思っていても関係あると思うので考えないといけない。】という内容が見られた。これらのことから，児童の多くは「自分で考えたり思ったりすること」を通して，自分自身が学習を深めていくという意識をもっていることが言える。ところで，**図3**中における右側のネットワークをよく見てみると「人」という語句がネットワークの中心部分にあることも分かる。このことからは，児童の意識の中で，自分だけで考えるのではなく，人の意見（友達の意見）から学ぶことの重要性を捉えている（「人」─「学ぶ」0.33）ことも示唆される。

４．研究のまとめ

　道徳科の学習における「深い学び」を授業づくりの中でどのように実践していくか，これが本研究の出発点であった。「学習の主体は児童である」とは，教員になって何度も聞いてきた言葉である。そこで，授業づくりにおいても，児童の考えや思いを分析してみることで，授業づくりに生かせる要素があるのではないかと考えた。

　実践者として，学習した児童の自由記述を分析したところ，以下の点は，授業づくりの要素として必要であると言える。

　〇児童自身がしっかりと考えること

　〇人との関わりがあること

　一点目に関しては，時間の確保なのか，自分自身の中の価値観への揺さぶりなのかなど，具体的な手立てについては，今回は検討できていない。しかし，学習を終えた児童の記述からは，自分たちがもっと考えたい，という意欲の高まりを感じることができた。

　二点目に関しては，自分一人で考えるのではなく，他者と考えることを通して，自分自身の道徳性を高めていく必要性を示唆している。これは，学習中のどの段階においても取り入れていくことが可能であると思う。

　奇しくも，今回の分析結果からは，「考え，議論する」というキーワードが見えてきた。児童が学習をしていく上で，やはり必要な要素であることが改めて言える。その具体的な手立ての検証については，次回に託すとしたい。

[キーワード]

　特別の教科　道徳（moral education），授業づくり（designing classroom），考え，議論する（think and discuss），人との関わり（involving with other classmates），深い学び（deep learning）

〈引用・参考文献〉
浅部航太，2019，「児童が自己成長を実感する学習の工夫とその効果の検討－道徳

科におけるポートフォリオ評価法と「成長報告書」の作成を通して−」『道徳教育方法研究第24号』，日本道徳教育方法学会，pp.21-30

中央教育審議会，2016，『道徳に係る教育課程の改善等について（答申)』

光文書院，2017，『小学道徳　ゆたかな心5年』

松田憲子・土田雄一，2019，「「特別の教科 道徳」についての小・中学校教員ニーズ調査」『神田外語大学紀要 (31)』，pp. 289-311

永田繁雄，2014，「道徳授業の発問を変える「テーマ発問」とは」『道徳教育2014年8月号』No.674，明治図書，pp.4-6

文部科学省，2018，「道徳科における「主体的・対話的で深い学び」を実現する学習・指導改善について」『考える道徳への転換に向けたWG資料3』

渡邉真魚，2019，「道徳科におけるエピソード評価の可能性−「資質・能力」のイメージとの関連において−」『道徳と教育第337号』，日本道徳教育学会，pp.13-25

中学校における絵本の読みあいの教育的効果の研究
―「傾聴」の質的変化の分析を中心に―

兵庫教育大学大学院連合学校教育学研究科　**鎌田　明美**

1．問題の所在

　現在，日本の学校は，いじめ，不登校などが増加し，憂慮すべき状況である。岡安・嶋田・丹羽・森・矢冨（1992）は，「教師との関係」「友人関係」「部活動」「学業」「規則」「委員活動」の6因子を「学校ストレッサー」とし，ストレス反応を数々引き起こすことを明らかにしている[1]。学校はよりよい人間関係づくりをし，学習環境を整えることが喫緊の課題と考える。

　望ましい学級や人間関係づくりについて，添田（2014）[2]は，「子ども達の自己肯定感を育てるために，学級がこども自身の安らげる場であると共に，自己実現を実感することのできる場である」と説いている。このような望ましい学級は，人間関係づくりとともに，学習集団としての要素も成立していると考えられる。大村（1986）[3]は，「人をバカにする，下に見るということのほんとうにない教室，そういう教室にしなければ，たとえば話し合いなどということは成立しません」と指摘している。しかし，現在の教室は，大村がめざした状態ではないように思われる。そこで，先に述べた「学校ストレッサー」と呼ばれる状況を改善する方策が求められている。

　村中（2002）[4]によると，絵本の読みあいは，日常の親子のやり取りを促進させる，他者の心理状態の理解促進に関連するとの報告がある。村中の絵本の読みあいは，乳幼児から高齢者まで幅広い。三浦・小坂（2017）[5]は，小学校6年生の学級において，望ましい人間関係を育成できる交流として，2回の絵本の読みあいを実践し，その効果を検証した。分析結果から，他者

と絵本を読む楽しさを共有する場や社会性を育成する交流として有効であった。相手と関わる喜びを感じつつ，自己決定・自己実現を可能にする有効な方法と示唆された。また，坂下（2018）[6]は，絵本の読みあいを司書教諭として小学校で実践した結果，児童への読書指導を超え，国語科の言語活動の充実といった学習的な側面を見取ったとしている。

　これまでの絵本の読みあいには，村中（2002[4]；2005[7]；2017[8]）による医学や臨床心理学分野における数々の報告がある。しかし，学校現場における報告は，三浦・小坂による小学校の担任の実践活動の報告はあるものの，実践した回数が2回と僅かであり，その報告書の内容は観察による描写に留まっている。また，坂下は司書教諭といった立場での短期間の実践であり，報告書の内容についても，解釈的な分析の域を脱してはいない。

　絵本を活用した中学校における実践については，大村（1983）[9]による1970年代からの国語科授業にみられ，単元「読書」は，読むことはもとより，書くこと，話すこと・聞くことが総合的に織り込まれた学習活動である。これらの学習活動は，今日の国語科における読書指導を構想する手掛かりになると考えられる。谷木（2004；2005）[10]は，勤務校の中学校全教員とともに，全生徒に絵本の読み聞かせを年間継続した。全校での取組によって，不登校生徒が登校し，教室に入るようになり，不登校だった生徒も含め，全校生徒の学力が高まったことを報告している。森（2017）[11]は，調査校の中学校教員による生徒への絵本の読み聞かせを2ヶ月ほど継続し，様々な情動を引き出し，対人理解にも繋がることを明らかにしている。この望ましい対人理解を形成するにあたって，若森・橋崎・森本・竹村・中村・尾本・中嶋（2020）[12]は，「相手の話を主体性や当事者性をもって聞く，「傾聴」が重要になる」と説いている。生徒がよりよい人間関係を築くためには，この「傾聴」の態度を育てることが重要である。そのために，絵本を用いて生徒と生徒の相互作用を継続的に国語科授業に取り入れることが必要ではなかろうか。しかし，絵本を活用した中学校における実践が定着しているとはまだまだ言い難く，ましてや生徒と生徒による絵本の読みあいの実践はほとんどない現状である。

以上を踏まえ，本研究では，中学校国語科教員が生徒と生徒による絵本の読みあいを継続的に実施し，中学生の人間関係，情意，思考にどのような効果があるのか，得られたデータ分析を通じて効果を明らかにする。その結果に基づき，学校現場における絵本の読みあいの可能性を探る。なお，筆者は本研究の生徒と生徒による絵本の読みあいとともに，すべての国語科授業の導入部で絵本の読みきかせを年間継続していることも添えておく。

２．目的

　本研究の目的を中学校国語科授業における継続的な絵本の読みあいが生徒の信頼関係を構築する効果の研究とする。目的を達成するために，(1)絵本の読みあいが生徒にとって，自然な学習活動として成立するように，筆者がすべての国語科授業導入部に絵本の読みきかせをすること，(2)「読みあいシート」によって，情意や思考を可視化し，多様な広がりや深まりのある情意や思考への変化を収集すること，(3)(2)で得られたデータをKJ法とKH Coderによる分析によって，「傾聴」の質的変化に注目し，検証するといった順で研究を展開する。

３．方法

3.1　調査対象

　住宅街にあるA中学校１年全員４学級116名を実践の対象とし，４学級の内の１学級32名を調査の対象とした。実践および調査はA中学校１年国語科教員１名の下で行った。

3.2　調査時期

　2019年４月〜2020年２月。具体的には，４月22日（月），５月28日（火），６月25日（火），７月16日（火），９月30日（月），10月29日（火），11月26日（火），２月３日（月）に行った。

3.3　場所

　絵本の読みあいは，各学級の教室で行った。

3.4　データの収集過程と方法

3.4.1　生徒と生徒による絵本の読みあい

(1)　活動の概要

　①ペアになる，②相手に読んであげたい絵本を，絵本リストから1冊選ぶ，③読む練習をする，④絵本を読みあい，相手を想いながら「読みあいシート」に感じたことや思ったこと，考えたことを記入する，⑤「読みあいシート」に記入したことについて，互いが共有する。

(2)　選書の仕方

　筆者の物語絵本を中心とした自作絵本リスト300冊から実践で生徒の反応がよい絵本，流行絵本作家の絵本，長年読み継がれてきた絵本，10分以内で読める絵本を選書した。

3.4.2　「読みあいシート」の収集

　活動の概要で示したように，生徒は毎回の読みあい後，「読みあいシート」を記入した。

　「私が読んでいるときの（　　　　　）さんは…（どんなふうに聞いていたか。相手の様子）」という質問を提示し，詳細な説明はせず，自由記述による回答を3分間で求めた。この質問は，村中（2002）が推奨している質問項目にしたがっている。

3.5　調査手続きと倫理的配慮

　本研究の目的を文書で生徒と保護者へ宛て説明し，「読みあいシート」への記入内容の研究使用と，画像データによる記録の許可を得た。なお，データの取り扱いについては，個人情報に配慮するために，個人番号［(1)(2)(3)…］での表記とした。

4．自由記述からKJ法を用いた分類と整理

4.1　KJ法による分類と整理

　自由記述で得られた文の数は4月時点が54文，2月時点が146文であった。

　調査対象者から得られた自由記述について，「分類と集約を通して，分析前には気づかなかったことを創造的に作り出す」[13]という特徴を持つ分析手法である（川喜田，1967[14]，1970[15]）KJ法を用い，分類した根拠に基づき，

筆者と大学院の学生で分類，整理を行った。その結果，４月時点と２月時点では**表１**，**表２**のようになった。分類，整理の結果については筆者と大学院の学生が協議をして最終的な合意を得た。

4.2　分類と整理の結果

　分類と整理の結果，**表１**，４月時点では「笑顔」「傾聴」「集中」「承認」「陽気」「夢中」「拍手」「注目」の合計８カテゴリーが分類された。**表２**，２月時点では「傾聴」「集中」「笑顔」「拍手」「助言」「注目」「共感」「反応」「環境」「夢中」の合計10カテゴリーが分類された。

4.3　考察

　自由記述で得られた文の数が４月時点の54文から２月時点は146文と増加したものの，果たして，絵本の読みあいの学級文化が醸成されつつあると考えられるか。みていきたい。

　４月時点は，初めての絵本の読みあいに，「何が起きるだろう。」と生徒はドキドキし，新鮮な授業形態にしたがい，楽しもうとしているのではないか。

　４月時点の上位に，「笑顔」「傾聴」「集中」「承認」のカテゴリーが分類された。４月時点の生徒は，よりよい人間関係を築くために，「笑顔」「承認」を意識していると推察される。また，「傾聴」「集中」を意識的に心掛けて努めようとしていることが推察される。

　２月時点の上位に，「傾聴」「集中」のカテゴリーが分類された。「傾聴」は10から20と大幅に増加した。また，４月時点は，「傾聴」と捉えた「真剣に聞く」か，もしくは「集中して聞く」の意味が示された表記のいずれかだったが，２月時点は，「傾聴」と捉えた「真剣に聞く」から「真剣に集中して聞く」の意味が示された表記へと変化してきている。このことから，４月から２月時点まで絵本の読みあいをした生徒は，継続すればするほど，真剣に相手の読みに「集中」して耳を傾けることが，無意識にできていると推察される。また，「笑顔」「注目」のカテゴリーが分類された。きき手は，にこやかな表情を示していると推察される。「笑顔」について生徒（26）は，「笑顔だったりしていたので，とても読みやすかったです。」と笑顔による読みやすさを表している。また，読み手が見て欲しい絵に注目していると推察

される。「注目」について生徒（23）は，「私（よみ手）が一番注目して欲しかったイラストにも注目してくれていた。」と意思の疎通を表している。そして，新たに分類された「助言」「反応」「環境」のカテゴリーも興味深い。きき手が助言したり，共感したり，問いかけに応じてくれたりして，読みやすい雰囲気をつくってくれていると推察される。生徒（24）は「僕が読んでいるとき，○○さんはときどき笑っていて，僕がまちがえたりしていたら，教えてくれたりしてくれました。あと，いろんなときに，アドバイスをくれたり，つっこんだりしてきました。」と助言による読みやすさを表している。

表1　4月 KJ法

カテゴリー	件数	分類した根拠	例文
笑顔	10	にこやかな表情になっているもの	笑ってニコニコしていた
傾聴	10	真剣に耳を傾けているもの	真剣に聞いてくれた
集中	6	聞くことに集中しているもの	集中するように聞いてくれた
承認	5	受容しているもの	うなずきながら聞いてくれた
陽気	3	陽気な表情や態度になっているもの	楽しそうにしてくれた
夢中	2	話に夢中になっているもの	夢中で聞いてくれた
拍手	2	読み終えたとき拍手しているもの	読み終えた時，拍手をくれた
注目	2	絵に注目しているもの	だるまがこけている場面を見て，かわいいと言っていた

表2　2月 KJ法

カテゴリー	件数	分類した根拠	例文
傾聴	20	真剣に耳を傾けているもの	真剣に聞いていてくれた　静かにちゃんと聞いてくれた
集中	13	聞くことに集中しているもの	集中して聞いてくれていた　耳をすまして聞いてくれた
笑顔	10	にこやかな表情になっているもの	ニコニコしながら聞いていた　ニコっとしながら見ていた
拍手	5	読み終えたとき拍手しているもの	最後に拍手をしてくれた
助言	4	読み間違いを修正する助言をしているもの	読む順番を間違えたときに，指摘してくれたので，ちゃんと聞いてくれている証拠だなと思った
注目	4	絵に注目しているもの	1番注目して欲しかったイラストに注目してくれていた
共感	4	互いが絵本の話に感じているもの	ふるさとに帰りたくなる気持ちに共感していた
反応	3	絵本の読みに反応した動作をしているもの	本を触ったり，本を叩いたり，問いに答えたりしていた
環境	3	読みやすい雰囲気や環境をつくっているもの	すごく読みやすい雰囲気を作ってくれた
夢中	3	話に夢中になっているもの	話に夢中になっていた

生徒（11）は「本を触ったり，本を叩いたり，問いに答えてくれたりしていました。手を叩いたりなど，いろんなこともしてくれた。」と反応してくれたことへの喜びを表している。

　２月時点は，絵本の読みあいが始まれば，きき手は読みに耳を傾け，読み手は相手の反応を受け止めつつ，相手の共感する態度によって癒されていると考えられる。

　以上の結果を踏まえ，絵本の読みあいを継続することによって，生徒自らが心地良い環境をつくり出している。反応してくれたり，受け止めたりすることによって，受容されていると感じている。これこそが，読み手ときき手の心が通じ合った状態と考えられる。学級全体が絵本の読みあいに溶け込み，読みやすい雰囲気を生徒自らがつくり出している。

５．KH Coderを用いた自由記述の計量テキスト分析

5.1　目的
　４月時点および２月時点の自由記述における名詞，動詞，形容詞，形容動詞，副詞，感動詞の言及の特徴を見出し，生徒の情意や思考の特徴を見出すことを目的とした。

5.2　分析方法
5.2.1　分析対象
　４月時点および２月時点の自由記述における名詞，動詞，形容詞，形容動詞，副詞，感動詞を分析対象とした。

5.2.2　統計的分析
　分析対象の語句の言及頻度の比較および共起ネットワークの構築には（樋口，2014）[16]KH Coder（Ver.3.Beta.01a）を用いた。

5.3　結果
5.3.1　KH Coderを用いた前処理
　４月時点および２月時点の自由記述において分析対象とする名詞，動詞，形容詞，形容動詞，副詞および感動詞の他に，専門用語自動抽出用モジュールTerm Extract[17]を用いて「ワークシート」などの複合語を強制的に抽出し，

抽出する語の区切りの調整を行った。これらの複合語は抽出語でタグとして識別される。また，感想文で多用される「私」「思う」の表現は抽出しないよう調整した。4月時点で抽出された語の数（名詞，動詞，形容詞，形容動詞，副詞，感動詞およびタグ）は，合計として341語（分析対象：63語）であった。2月時点で抽出された語の数（名詞，動詞，形容詞，形容動詞，副詞，感動詞およびタグ）は，合計として1429語（分析対象：239語）であった。

5.3.2　語句のコーディング

　本研究では，自由記述において類似の意味を持つ語の統一化を行った。具体的には，「うれしい，嬉しい→嬉しい」，「うなずく→頷く」，「かわいい→可愛い」などと統一化を行った。

5.3.3　抽出語句の言及頻度の比較

　4月時点では「聞く（動詞）11」「笑う（動詞）6」を筆頭に，「頷く（動詞）5」「見る（形容詞）4」「真剣（形容動詞）4」が上位を示した。

　2月時点では「聞く（動詞）38」「読む（動詞）28」を筆頭に，「真剣（形容動詞）13」「笑う（動詞）10」「見る（動詞）8」が上位を示した。

5.3.4　共起ネットワークの構築

　自由記述における4月時点および2月時点の最小出現数1以上の抽出された語の共起関係を探った。分析にあたっては，描画する図はJaccard係数0.2以上の値とし，円の大きさは単語の出現数を，リンクの太さは共起関係の強さを示している。また，共起ネットワークに含まれる抽出語をグループに色分けて示している。ただし，円同士の距離は意味を持たない。

　以下では，考察において，（図1，2）に示した語の共起関係をもとに，分析者が特徴的な自由記述のまとまりについて，生徒の実際の自由記述を原文のまま抜粋しつつ（恣意的・主観的な解釈との批判は免れないが）根拠文として示す。

〈4月時点〉

　上側に「夢中」「集中」の共起が示された。下側に「真剣」「聞く」「笑顔」「静か」の共起が示された。その下側に「嬉しい」「楽しい」「笑う」「読む」

「拍手」の共起が示された。中央に「頷く」「面白い」「ニコニコ」「不思議」の共起が示された。右側に「言う」「場面」「見る」「可愛い」「反応」の共起が示された。右下に「起きる」「ドキドキ」の共起が示された。

〈２月時点〉

　上側に「夢中」「本に」の共起が示された。その下側に「順応」「雰囲気」「作る」の共起が示された。右側に，「帰る」「気持ち」「共感」の共起が示された。その右側に「指摘」「間違える」「教える」の共起が示された。下側に「答える」「問い」「触る」「叩く」の共起が示された。左側に「間違う」「フォロー」の共起が示された。左に「気分」「良い」「安心」「相手」の共起が示された。下に「イラスト」「注目」「ニコニコ」「見える」「環境」「目線」「向ける」の共起が示された。その上に「最後」「拍手」の共起が示された。

5.4　考察

　まず，４月時点，２月時点の経過とともに，円やリンクの状態を比較し，情意や思考の変化をみる。次に，４月時点，２月時点，それぞれの円やリンクの状態をもとに，生徒の記述を探ることによって情意や思考の状態をみる。

5.4.1　情意や思考の変化

〈４月時点〉

　大きな円が５個ある。大きな円から広がったネットワークが１ある。小さ

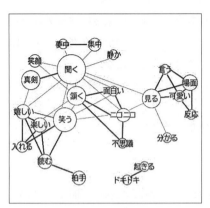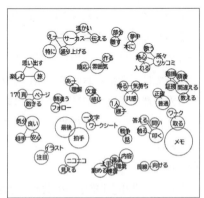

図１，２　共起ネットワーク（左：４月時点，右：２月時点）

中学校における絵本の読みあいの教育的効果の研究

な円のリンクで結ばれた共起ネットワークが1ある。この状態から偏りのある情意や思考と確認した。

〈2月時点〉

4月時点は24個の円で共起ネットワークは2ある。2月時点は70個の円で共起ネットワークは23ある。円の大きさは言及数の多さを示すから，多様な広がりや深まりのある情意や思考と推察される。この状態から，多様性のある情意や思考へと変化したことを確認した。

5.4.2 情意や思考の状態

〈4月時点〉

「笑う」を中心に「楽しい」「嬉しい」「ニコニコ」との結びつきがみられ，初めての絵本の読みあいを楽しんでいると推察される。「聞く」を中心に「真剣」「静か」「頷く」との結びつきがみられ，型にはまったきき方といった形式に捉われたかたさも推察される。

4月のKJ法で導き出した「笑顔」は，共起ネットワークの「笑顔」「笑う」「ニコニコ」の共起がみえたからKJ法で導き出した「笑顔」のカテゴリーが確認できると考えられる。4月のKJ法で導き出した「傾聴」も，共起ネットワークの「聞く」「真剣」「集中」「頷く」の共起がみえたからKJ法で導き出した「傾聴」のカテゴリーが確認できると考えられる。

〈2月時点〉

4月よりリンクでしっかり結ばれた共起ネットワークが増加したことによって，継続的な絵本の読みあいは，一人一人の生徒が自分の楽しみ方を身に付けたと推察される。

2月のKJ法で導き出した「傾聴」「集中」について，2月の共起ネットワークに4月の共起ネットワークにみえた「聞く」「真剣」「集中」の共起が出現していない。しかし，言及頻度ではKJ法で「傾聴」と捉えた「聞く」「真剣」が上位に位置し，言及頻度は高くないものの「集中」も存在することを考え，共起ネットワークでは共起されるのではなく，各共起の背後に「傾聴」という状態があると解釈される。2月の「聞く」に言及した38件を抽出し，このうち「聞く・真剣」の観点に言及していた件数は20件だった。

学校教育研究No.36（2021） *155*

20件の生徒の記述には表記は異なるものの「真剣に聞く」という意味が示されていた。このことから，絵本の読みあいの前提に，「傾聴」の姿勢が整ってきていると考えられる。

2月のKJ法で導き出した「笑顔」は，共起ネットワークでは「ニコニコ」の共起がみえたからKJ法で導き出した「笑顔」のカテゴリーが確認できると考えられる。「ニコニコ」の共起は4月の円より大きくなっている。2月のKJ法で導き出した「注目」は，共起ネットワークでは「注目」「イラスト」「目線」「向ける」の共起がみえたからKJ法で導き出した「注目」のカテゴリーが確認できると考えられる。2月のKJ法で導き出した「助言」は，共起ネットワークでは「指摘」「間違える」「教える」「間違う」「フォロー」の共起がみえたからKJ法で導き出した「助言」のカテゴリーが確認できると考えられる。2月のKJ法で導き出した「反応」は，共起ネットワークでは「触る」「叩く」「答える」「問い」の共起がみえたからKJ法で導き出した「反応」のカテゴリーが確認できると考えられる。2月のKJ法で導き出した「環境」は，共起ネットワークでは「順応」「雰囲気」「作る」「気分」「良い」「安心」「相手」「環境」の共起がみえたからKJ法で導き出した「環境」のカテゴリーが確認できると考えられる。これらの要素は4月にはみえない。2月はこれらの要素が収集でき，これらの要素は生徒の信頼関係の構築を示していることから，集団が変容したといえる。

「傾聴」の質的変化の観点から本研究の結果を検討することにより，4月時点は初めての絵本の読みあいを楽しみつつも，「傾聴」とはいえ，型にはまった様子と考えられ，相手に信頼を寄せた態度とは捉えにくい。2月時点は絵本の読みあいによって，真剣に聞いてくれる安心感に包まれた読み手と絵本の読みに浸るきき手がつくり上げた環境だからこそ，読み間違いをフォローしたり，教えられたりしながら信頼関係を構築していると考えられる。

6．総合考察

本研究の目的は，中学校国語科授業における継続的な絵本の読みあいが生徒の信頼関係を構築する効果の研究であった。

　その結果，４月時点の生徒は友人関係が形成され始める浅い受容であったが，２月時点になると，生徒は相手に耳も心も傾けた「傾聴」の姿勢で，互いを尊重する学び方のスタイルを身に付けた。すべての生徒が絵本の読みあいに溶け込み，一つの活動を楽しむ雰囲気をつくり出した。それを裏付けるかのように，２月時点の共起ネットワークには「最後」「拍手」の共起が大きな円で二つみえる。絵本の読みあいを重ねる度に，最後の拍手は大きくなり，学級はいつも拍手の嵐に包まれていた。絵本の読みあいが，固定していた人間関係や力関係を改善することによって，大村が指摘した「人をバカにする，下に見るということのほんとうにない教室」を形づくる，一つの学習方略になり得ると考えたい。つまり，学級全体が多様性の容認される絵本の読みあい文化を醸成したことを示している。

　本研究では，構想から生徒と生徒による絵本の読みあいを国語科授業に導入した。対象の生徒は，学校や家庭，地域で様々な言語環境を営み，人間形成へと繋がっていると考えられる。しかし，筆者の国語科授業において絵本の読みあいが特設の言語活動であることは間違いない。今後は調査校や学年といった異なる属性による効果を検証したいと考えている。

　これらの課題については，稿を改めて研究を深めたい。今後の研究は自由記述だけではなく，質問紙尺度を用いた量的分析による生徒の情意や思考の変化を加えた検討としたい。

［キーワード］

　中学校（Junior high school），絵本の読みあい（The practice of reading picture books to one another），国語科教育（Language arts education），傾聴（Attentive hearing）

〈注〉
⑴　岡安孝弘，嶋田洋徳，丹羽洋子，森俊夫，矢冨直美，中学生の学校ストレッサーの評価とストレス反応との関係，心理学研究，63(5)，1992，310-318。
⑵　添田晴雄，心の居場所となる学級づくり，児童心理68(8)，2014，688-692。

⑶　大村はま，教室をいきいきと1，筑摩書房，1986，25。

⑷　村中李衣，子どもと絵本を読みあおう，ぶどう社，2002，3-133。

⑸　三浦文，小坂浩嗣，小学校における絵本の読みあいを通した望ましい人間関係づくり，鳴門生徒指導研究，27，2017，40-55。

⑹　坂下直子，『児童サービス論』と『読書と豊かな人間性』の比較試論，京都女子大学図書情報学研究紀要，5，2018，17-28。

⑺　村中李衣，絵本の読みあいからみえてくるもの，ぶどう社，2005，3-142。

⑻　村中李衣，子どもの『生きる』と響きあう，日本児童文学，63⑹，2017，32-39。

⑼　大村はま，大村はま 国語教室6，筑摩書房，1983，5-393。

⑽　谷木由利，「自ら本に手をのばす子どもを育てる」工夫〜絵本の読み聞かせを中心として〜，平成16・17年度教育課程研究指定校事業 学校図書館との連携を深めた教科等の指導の在り方に関する研究，研究集録 美馬中学校教育課程研究委員会編，2004；2005，40。

⑾　森慶子，絵本の読み聞かせの教育的効果の研究−NIRSによる脳反応の解析と学校における実践の質的分析を中心に−，兵庫教育大学大学院連合学校教育学研究科博士論文，2017，82-105。

⑿　若森達也，橋崎頼子，森本弘一，竹村景生，中村基一，尾本潤治，中嶋たや，学習者の実態に沿った「特別の教科 道徳」の教材開発・実践⑵−対話を行う場の設定−，次世代教員養成センター研究紀要，6，2020，218。

⒀　田垣正晋，これからはじめる医療・福祉の質的研究入門，中央法規出版，2008，135。

⒁　川喜田二郎，発想法−創造性開発のために−，中央公論社，1967，3-220。

⒂　川喜田二郎，続・発想法，中央公論新社，1970，3-316。

⒃　樋口耕一，社会調査のための計量テキスト分析−内容分析の継承と発展を目指して−，ナカニシヤ出版，2014，8-233。

⒄　専門用語（キーワード）自動抽出用Perlモジュール"TermExtract"，http://gensen.dl.itc.u-tokyo.ac.jp/termextract.html（accessed 2020.5.6）を使用した。

付記

本研究は，JSPS科研費奨励研究課題番号20H00774，一般財団法人言語教育振興財団の助成を受けたものである。

第5部

2020年度研究大会の概要

2020年度研究大会代替自由研究ポスター発表 報告

【2020年度研究大会代替自由研究ポスター発表】

2020年度・第35回研究大会は，新型コロナウィルス感染症の拡大に伴い，1年延期し，その代替として自由研究ポスター発表を実施した。

申し込みから投稿まで短い期間であったが，2020年8月11日（火）には，本学会ホームページ上に，5つの分科会で21件のポスター発表を公開することができた。8月31日（月）までは，会員の方々が各ポスターの発表者へコメントを寄せる期間とした。その結果，延べ30件のコメントが集まった。2020年9月30日（水）まで，学会ホームページ上に公開した。

以下，各分科会の発表者及びテーマである。

〈第1分科会：異文化交流や海外の教育について〉

服部孝彦（大妻女子大学）

　第二言語習得におけるインプットの果たす役割

　―認知的アプローチを中心に―

周勝男（兵庫教育大学大学院連合学校教育学研究科）

　日中異文化間コミュニケーションのためのカリキュラム・教材研究

　―異文化間誤解・摩擦事例を活用して―

大森幸子（JICAシニア海外ボランティア）

　教師算数指導力の改善に向けた線分図利用の効果

　―ジャマイカ小学校教員養成校での事例から―

宮田延実（人間環境大学）

　子どもの「生まれ変わり」の信念が形成された背景

　―タイの子どもの死生観との比較を通して―

〈第2分科会：地域連携やカリキュラム開発に関わるもの〉

平田幸男（至学館大学）

　大学でのサービス・ラーニングにおけるボランティア活動の効果

　　―関連性評定質的分析法による分析結果を手がかりとして―
　新福悦郎（石巻専修大学）
　　判決書教材とフィールドワークで学ぶ防災教育
　　―大川小学校津波被害訴訟高裁判決を活用した教員養成の授業―
　田中沙季（上越教育大学大学院・院生）
　　地域と連携した体験学習における教員の職務遂行を支える要因に関する
　　一考察
　中田正弘（白百合女子大学）・坂田哲人（大妻女子大学）・町支大祐（帝京
　大学）
　　フィンランドの学校における教科横断的なカリキュラムづくりの取組

〈第3分科会：学校組織や運営に関わるもの〉
　度會きぬ（上越教育大学大学院・院生）
　　学校運営協議会における学校課題改善過程の現状と課題
　　―ガバナンス的機能とソーシャル・キャピタル的機能に関連して―
　河野辺貴則（四国大学短期大学部）
　　学校給食における食物アレルギー対策の動向に関する一考察
　篠原清夫（三育学院大学）・藤平敦（日本大学）・中川恵実子（滋賀県総合
　教育センター）
　　教師教育者としての指導主事の職場環境とコミットメント(1)
　　―教育センター指導主事に焦点化して―
　大口博史（上越教育大学大学院・院生）
　　中学校運動部活動から総合型地域スポーツクラブへの代替可能性につい
　　ての検討
　　―中学校運動部活動のもつ「教育的価値」に着目して―

〈第4分科会：教科教育や指導法に関わるもの〉
　高橋純一（東筑紫短期大学）
　　中学校社会科における単元設計と評価に関する一考察

―単元『敗戦から立ち直る日本』の実践の検討―

　横井成美（名古屋市立高針小学校）

　　生活科における気付きを深める３つの試み

　　―カリキュラム・マネジメントの考えを活用して―

　酒井達哉（武庫川女子大学）・宇都宮明子（島根大学）・原田信之（名古屋
　市立大学）

　　コンピテンシー志向への実質的転換をめざす生活科教育の再構築

　　―統合原理と接続原理の強化―

　湯澤卓（上越市立春日小学校）

　　子どもの苦手意識に着目した音楽授業の実践

　　―図形楽譜とリズムカードを使って―

〈第５分科会：学級担任や各種教育に関わるもの〉

　元木廉（名古屋大学大学院・院生，埼玉県公立小学校）

　　教科担任制と校内研修をリンクした小学校教員の教科専門性向上に関す
　る一考察

　　―Ａ小学校における管理職のリーダーシップを軸にした実践事例の分析
　より―

　土屋弥生（日本大学）

　　通常学級における発達障害の可能性のある児童生徒の指導・対応につい
　て

　　―アセスメントと早期対応の重要性―

　栁瀬啓史（高知市立介良小学校）

　　教育カウンセリングの特質を活かしたキャリア教育の実践Ⅲ

　　―「マイチェックシート」を活用した年間プログラム―

　大塚彩花（上越教育大学大学院・院生）

　　学級担任が行う「子どもの居場所づくり」に関する検討

　末吉雄二（日本工業大学）

　　今，求められる児童生徒の自己肯定感を高める教育課程への一考察

―児童生徒及び大学生を対象にした自己肯定感調査を通して―

「思い」や「願い」を伝える力・受け取る力
―経験や立場から見えてくるもの―

東京学芸大学教職大学院 特命教授　茜谷佳世子

　私は東京都の中学校教員として昭和57年に採用された。当時は器物破損や校内暴力などの暴力に関する問題解決が最重要課題であり，同僚教員と共に悩み苦しみながらも希望を見出そうと必死に生徒達に向き合っていたことを覚えている。田舎育ちの私はドラマでしか見たことがないような学校の荒れ方に驚き，時には無力感や怒りに震える日もあった。この試行錯誤を繰り返した最初の現場経験は，教育とは何かということを自分自身に問いかける原点になっているように感じる。あれから多くの歳月が流れ，社会の変化は著しい。私自身も学校現場を離れ，現在は教育に携わることに夢や希望を抱く大学院生と多くの時間を共に過ごしている。予測困難といわれる未来を生きる子どもたちに何を伝え育てるのか，何を受けとり向き合っていくのかは永遠の課題でもあり教育の醍醐味であると考えている。学校現場や教育行政・教育研究者，そしてこれから教員になろうとする若者達は，それぞれがもつ力と技・課題のとらえ方や考え方など，誰にでもわかりやすいように説明し，それぞれが教育実践者としての立場をもって社会に発信することが今後は特に重要であると思われる。

1．大学院で学んだこと

　教員として17年経過した頃，東京都から上越教育大学大学院に派遣された。「子どもの権利」に関する理解をより深めるために自ら求めた結果であるが，本音はこれまで若さと情熱だけで実践してきた内容だけでは，これからの教育に通用しないだろうという不安や焦りが大きかったからである。教える立場から教えを受ける立場へ変化することによって，現場一辺倒から数歩離れた立場で教育全般を見直す機会を得ることができたことは，最終的に私の財産となった。恩師からの「子どもや保護者に説明や説得をする時に，法規や

法令をわからず言葉に出しているのか，または深く理解しての言葉なのかでは雲泥の差が出る」「法規や法令はもちろん重要であるが，それ以上に勝るものは人としての情である」という言葉は心に深く染み渡った。また，研究は独りよがりにならないように厳しく根拠を求められ，思いや願いを受け取る力や相手に伝える力を鍛えられたように感じる。この鍛えられた経験は現場でも大いに役に立ったが，現在にいたるまで満足できる完成形には至っていない。おそらく生涯にわたって追求することになるであろうと思っている。同時期に入会した日本学校教育学会では学校現場だけでは知り得なかった理論や知見に触れるとともに，敷居が高いと敬遠気味だった研究者の方々と話す機会を得ることができたことは幸せなことだった。それぞれの責任のもとにそれぞれの立場で教育に携わる内容が個人かチームを組んでの対応かの違いによって，アプローチの幅に広がりや深みが増すことになる。学校現場に必要で求められる内容を整理し，理論と実践が乖離することなく未来につながるように，教育関係者は一体となり課題に真摯に向き合うことが重要である。

2．教育の原点は何か

　学校に求められる教育内容の幅が年を追うごとに広くなり，これまで社会や家庭で分担されてきた内容の線引きも益々曖昧になってきている。学校に求められる○△教育が増えることはあっても減ることはないのが現状である。それだけ学校に期待があるということは理解できても，取組み方によっては混乱が生じて子どもに不利益を与えかねない。また，教員の事件・事故に関する話題は一瞬のうちに全国に広まり，積み上げた信頼を損ねる深刻な事態に長期間にわたり苦慮することもある。将来を担う子どもたちが夢や希望をもち，自らの人生をたくましく開拓して生きていくためには，すぐにやるべきこと・中長期的にやるべきことをそれぞれの教育関係者が適切に見極めることが大切である。教育現場や取り巻く社会的環境などの実態に応じた力強い発信力・受信力のあり方が求められていると思う。

研究余滴

私の研究史

仙台白百合女子大学　**牛渡　淳**

　私は，東北大学教育学部の教育行政講座で学び研究者としてのスタートを切った。若い頃からの私の研究関心は，子どもの発達や個性，多様性，自主性を尊重する「教育の本質」と画一的・強制的という性格を持つ「国家（行政）の本質」をどのように両立させるかにあった。そのため，研究対象を，その両者をつなぐ存在である教師に絞った。そこで，アメリカの教員免許制度を卒業論文に取り上げたが，大学院に進んでからは，私の研究関心は，教師教育のガバナンスの問題に移っていった。その背景には，教職を専門職にするという世界的な動きの中で，教師の個別の教育実践の自律性のみならず，専門職集団として，自らの質を保障する自律性の重要性を感じていたからである。そこで注目したのが，1970年に成立したカリフォルニア州のライアン法であった。この法律は，教師の免許や養成，研修等に関わる事項について，州教育委員会から独立した教員免許委員会が担うことを目的とした法律であり，委員会メンバーの過半数は現場教師が占めていた。私の修士論文は，このライアン法の研究であったが，資料が不足し不十分なものに終わった。博士課程に進んでからは，教師の発達や自主研修，大学と学校の連携等についても関心を持ち，アメリカの教員センター運動の研究を行った。そこで，カリフォルニア大学バークレー校に客員研究員として滞在し，帰国後博士論文にまとめ風間書房から出版した。教員センター運動は，1976年に，民主党政権の下で連邦のプロジェクトとして実現したが，1980年代に入りレーガン大統領の下で廃止され，代わりに出されたのが学力向上をめざす『危機に立つ国家』であった。しかし，教員センター運動に関わった多くの教育関係者は，教師の質の向上をめざす「下からの改革」を求めて，1980年代中期に，カーネギーレポートやホームズグループレポートを発表した。ここで提案された内容は，もともとは教員センター運動の中で提案されていたものであり，そ

れらは，教職開発学校やNBPTSとなって実現した。私は，その後，これらの研究を続け，さらに，アメリカの校長スタンダードや校長養成プログラムの研究を行った。また，日本教育経営学会で校長の専門職基準の作成に関わり，中教審の教員養成部会で教員育成指標や育成協議会，さらに，教職課程コアカリキュラムの検討にも加わった。しかしながら，こうした我が国の「基準（スタンダード）」に基づく教師の質向上策には，大きな課題があると考えている。それは，私が追求し続けてきた「教育の本質と国家（行政）の本質」をいかにして両立させるかという問題である。一つは，「多様性や自主性の確保」である。育成指標と教師の自主性や多様性を統合する方策を考える必要がある。コアカリキュラムについても，大学教員の自主性や優れた授業を活かせるように，大学の自主性と基準性とのバランスを検討する必要がある。第二に，基準のガバナンスを検討する必要がある。基準は一種の強制であるため，それを「誰が作成し誰が管理するのか」が問われなければならない。答申では，育成協議会は，地域の関係者が幅広く参加することを求めていたが，実際は，教育行政関係者と教職大学院を主たるメンバーとする自治体が多かった。また，教職コアカリキュラムの作成は，医学や薬学等とは異なり，学会との関連性が全く見られなかった。

　そこで，2020年2月，カリフォルニア州の教員免許委員会を訪問し調査を行った。その結果，カリフォルニア州では，教員スタンダードが免許，養成，研修，評価等の多くの政策と密接に結びついていると同時に，その管理は，州教育委員会から独立した教員免許委員会（委員の4割が公立学校教員，2割が市民）が行っていた。他方，スタンダード改定は，学区教育委員会，大学，教員団体等，多様な関係者の参加の下に行われていた。さらに，免許委員会の運営は，きわめて公開性が強く，こうした，ガバナンスにおける専門職性と民主性の両立が，教員スタンダード政策の前提にあったのである。今回の調査によって，現代日本の基準性に基づく教師教育改革の課題が明確になったと同時に，私が40年以上も前に手掛けた修士論文が本当の意味で完成したと言える。若い時の研究関心が40年以上にわたって現在まで継続していることを改めて自覚した次第である。

研究余滴

実践経験と研究主題

武蔵大学教授 **和井田清司**

　私的な回顧から主題に接近したい。筆者は1952年生。1970年に大学入学（経済学専攻）。企業のコマになるよりは教師でもやるかと千葉県で高校社会科を教えた。高校26年（1974－2000），早期退職後，大学院進学兼大学非常勤講師2年，大学専任20年（2002-2022）を数える。48年間黒板を背に仕事をし，今年度で退職だが，「そろそろいいか」が実感である。

　大学入試の際，機動隊の列に挟まれ，受験票をかざして入構し，試験を受けた。在学中も，正門横に機動隊が常駐し，ときに暴力行為を働いた。学園紛争の余波で，体育学部をのぞき一学年上の先輩がいなかった。国家権力の力と闇を眼前に感じた4年間だった。

　学園紛争の末期，その余塵を経験した私には，社会科は社会的矛盾の構造を教え，社会変革を展望する教科に思えた。社会科は国家基準で上から示された内容をこなすのではなく，教師たちが下から構築していくものという認識である。地域にも全国にも，そうした志向性をもつ多くの教師が活躍していた。それらの諸実践に学びつつ，教職生活前半は，社会科教師として自己形成してきた。特に高校社会科の再編成（解体）［1989年］に直面して，守るべき社会科とは何かをモチーフに「高校初期社会科」の調査と「探究型ディベート学習」の提起をおこなった（『高校初期社会科の研究』1998）。

　1990年代に勤務した県立小金高校で，きびしく深い経験に直面した。「日の丸」問題に端を発した紛争の勃発である（稲沢潤子『おおらかに自由の風よ―県立小金高校の熱い夏』1996参照）。この問題への対応を契機として，校内に「三者会議」（教員・生徒・保護者による学校運営），「オープン・スクール」（地域住民と学び合うサークル），「環境学」（生徒主体の学習を有志の教員がサポートする総合学習）という実践が生まれる（『教師を生きる』2004，4章・6章に詳しい）。こうした経験が，「内発的学校改革」という概念

形成（『内発的学校改革』2005）や「自律的学習」をキーコンセプトとした総合学習研究（『高校総合学習の研究』2010）につながった。

その後上越教育大学の勤務時代，4年間の単身赴任生活を送った。雪深い上越で，夜遅くまで派遣院生と学びあった。とりわけ，上越地域の教師の実践に感銘を受けた。「地域エリートがまっすぐ教員になっている」印象であった。研究的には総合学習や戦後教育の実践史に関心をよせた。「上越教師の会」の先生方と交流し臼井嘉一代表の科研研究に取り組んだ（『上越教師の会の研究』2007，『戦後日本の教育実践』2013）。また，海外調査科研も得がたい体験になった。中国・台湾・韓国の大学や学校をまわり，東アジア型教育システムの共通性と差異を知った（『東アジアの学校教育』2014）。

実践史研究では，田中裕一との出会いが忘れられない。生前半年ほどの交流であったが，決定的な影響を受けた。熊本の中学教師で，日本で初めての水俣病実践（1968）に取り組んだ田中は，「惰性にあらがう教師」であり「戦後派教師」の典型であった。田中の論文や実践資料を編集して『戦後教育実践の奇跡―田中裕一リカバリー』（全3冊904頁，2004-06）にまとめ研究機関や個人に配布するとともに，そのエッセンスをまとめて書籍として出版した（『戦後日本の教育実践―リーディングス田中裕一』2010）。

田中は，教師の実践の際に「凝縮的単純化」という概念を強調した。研究者は最高のものの探究でことたりるが，教育者はそれを子どもの理解の範囲・発達の段階まで（稀釈でなく凝縮的に）「単純化」すべしと力説した。田中のような典型的な「戦後派教師」の実践は，すでに古典の対象となりつつある。だが，こうした教師たちの「方法態度」は，不透明で矛盾に満ちた今日の教育現実に対峙する際，限りない知恵と力の源泉になる。

以上を要するに，自分の教職体験から生まれた問いを研究主題に設定し，探究してきた足跡を語らせていただいた。余計なお世話といわれれば，それまでのはなしである。最後に，「理想をもつ現実主義者」であったジャーナリスト安江良介（岩波書店）は，「自分の内側から発するものなくしていかに他人を動かすことができるのか」と常々かたっていた（『追悼集 安江良介―その人と思想』1999）。研究の世界においても，しかりである。

●図書紹介●

山﨑保寿著

『キャリア教育が創出する新たな教育環境
—地域連携で生み出す主体性と価値』

松本大学出版会，2020年，286頁，2,420円（税込）

　本書は，現在展開されているキャリア教育について，理論・概念や学習指導要領の整理に加えて，著者がこれまでに学校や地域と連携して開発したキャリア教育のプログラムや実践事例を検証した，包括的かつ具体的な研究書である。そして，「キャリア教育」が日本で本格的に導入されて20年以上が経過し，職業体験学習がもはや当たり前に実施されるようになっているなかで，キャリア教育に関して地域・保護者・大学の協働によって教育・研究の場を創出・共創する新しいモデルが示されている点が，本書の最大の魅力である。

　本書の全体を示すと，第1章では，学校教育におけるキャリア発達の考えを基本とするキャリア教育の理念，第2章では，キャリア教育を推進するためのカリキュラム・マネジメントと教員研修，第3章では，学際的な領域としての教育環境学における系統的・体系的なキャリア教育の在り方，第4・5章では中学生を対象としたキャリア教育の実践と検証として，アウトリーチ型キャリア教育講座の開発実践（第4章）と中学校における地域連携型キャリア教育の実践と考察（第5章），第6・7章では高等学校での実践と検証として，高等学校における主権者教育と関連させたキャリア教育推進のためのカリキュラム・マネジメント（第6章）とキャリア教育の視点を踏まえた高校生の科目選択および進路意識の特徴（第7章），第8章では，キャリア教育に関する学習指導要領の内容の変化，第9章では，松本大学の教職センターの教員養成での実践について述べられている。

　事例のなかで興味深い事例をいくつかあげたい。まず，第4章の中学生を対象としたキャリア教育講座は，中学校教員の多忙化にも配慮しながら，著者によって開発された大学の人的・専門的資源を活用したアウトリーチ型の

デザインである。地域住民や保護者，大学教員と大学院生の参画と協働により，中学生がキャリア・イメージを紡ぎ，表現し，参加者がともに学ぶ場が創設されている。第6章では，キャリア教育の目的が，「勤労観・職業観の育成」から，「社会的・職業的自立」へ転換し，社会参画意識の醸成が重視されている現状から，主権者教育と関連させた高等学校におけるキャリア教育とその支援策が示されている。市長の出前授業や模擬請願，フィールドワークなどの地域の教育環境を生かし，学校教育の目的を地域社会と共有して，人材育成を図るキャリア教育である。また，この事例は，学校内外の諸条件を整え，授業・組織・地域連携を進めるカリキュラム・マネジメントの実践でもある。第9章の松本大学の教職課程の実践は，教員養成に加え，地域をはじめ学校内外との協働連携をミッションとし，6つのビジョンのもとで展開されている。なかでも，特徴的なのは，小・中・高・特別支援学校での学校ボランティアを単位化する「学校教育活動」という科目に加え，「地域社会と密接に協力連携し，地域社会の人々との協働能力を備えた力量を持つ教員の育成を目指す」カリキュラムとして，地域の教育組織や団体の諸活動に学生がボランティアとして関わり，地域社会に対する理解を深め，大学で学んだ理論を検証する「地域教育活動」という科目が設置されていることだろう。こうした実践を通して，学生は，考え抜く力やチームで働く力などの社会人基礎力や組織マネジメントの在り方を身に付け，教職キャリアの基礎力を獲得することが企図されている。

　紙幅の関係ですべての事例を紹介できないが，本書の実践や検証結果はどれも示唆に富む。また，巻末にある実践のプロセスや用語集も有益である。本書は，実践者それぞれが，豊かなキャリア教育を共創し実現するための道標となる貴重な著書である。キャリア教育のみならず，地域連携やカリキュラム・マネジメントなど，これからの教育実践に携わるすべての人にお勧めしたい。

（日本大学　黒田友紀）

●図書紹介●

樋口綾子著
『「決める力」をもった子ども達』

梓書院，2021年，91頁，1,100円（税込）

　本学会誌「学校教育研究」32号（2017）の特集テーマは「実践知」。教師が学級・学校経営や授業等の実践を通して経験し獲得する知見について論考した。「決める力をもった子ども達」（以下，本書）を読了後，改めて「実践知・暗黙知」の意味を再考し，子どもをみる大人の真摯な姿を考えた。みるとは，表層的に見るだけではなく，観て（観察），診る（診断）ことも含める。

　本書は，著者が長年教育現場で培った実践知を基盤に，「我が子が幸せな人生を送ることを毎日願っているお父さんお母さん」にエールを送る子育て論である。子ども達が幸せに生きるために何が必要なのか。著者は，親と子で迷い，考え，試行錯誤して最善の方法を見つけていくうえで，子どもがその選択に納得していることに大きな意味があると述べている。すなわち，周りの大人が将来のために良かれと思ったアドバイスも，子ども本人が納得していなければ，心に届かないのだ。小さな決断を繰り返し，自分なりに頑張り，乗り越えていく方法を学んでこそ子どもは成長していく，と主張している。

　本書の構成は，今まで出会ったたくさんの子ども達との交流の中，子ども達が決断してきた場面を，「自分できめたんだエピソード」として11のケースを交えて紹介し，保護者が，周りの大人が，その選択をどう支えたのかをまとめている。ケース1・2は「自分でそれを選んだ」という実感に大きな意味があることをエピソードとしてまとめている。ケース3〜6は子どもが自分の望む道を選ぼうとするとき，親や周りの大人が認め見守ってあげることが，その子の生きる道につながっていくことをエピソードとしてまとめている。一方，ケース7・8は，「悲しんでいる子ども達」として，自分で決

められなかったことにわだかまりを持ち，長い間気持ちの切り替えができなかったエピソード。ケース9では「自分はどうでもいい」と決められない子どもについて紹介している。これらを踏まえ，ケース10・11では，小さな体の中に「決める力」が育っているエピソードを通して，子どもが花開く瞬間を紹介している。たくさんの「あれしたい，これしたい」の中から，自分で選ぶ経験を通して，段々となぜこれがしたいのか，自問自答を繰り返すことによって自分の意思が育つ。経験が積み重なって，ようやく「決める」ことができるようになるだ。「自分はこれがしたい」と望む気持ちが子どもに育っているか，親は時々立ち止まり，自分の子育ての進む方向性を確かめることを提言している。この刹那をとらえられる著者の感性に宿る暗黙知の深化に驚きを隠せない。

さて，では，どのようにすれば，「決める力」が育つのだろうか。それは「小さい時の失敗は取り戻せる」と親が覚悟し，失敗の経験こそが，立ち上がる力を育てるということを確信すること。そして，小さい頃から自分で考え自分で決めるという積み重ねを大事に意識すること。また，子どもの「決める力」を育てるためには，コミュニケーション力が欠かせない。その基礎は家庭の中の会話にあるという。そのヒントが「ユーモア」と「褒める・認める」こと。自分のことを温かく見つめ，小さなことでも認めてくれる言葉は大きな心の栄養となり，支えとなる。

「おわりに」では，自分で決めたという実感が自分を肯定する気持ちを生み，自分を勇気づける力へと進化し，選んだ生き方を後押ししてくれるとし，「ケース12車椅子でさっそうと生きる」を紹介している。

著者が出会った多くの子ども達。自分の才能をうまく生かせる子もいれば，出来ない子もいる。両者の違いは「自分で考え，自分で決めた」という自信。そして認められ，見守られているという実感。本書は，著者が学校現場で感得した実践知・暗黙知を「お父さんお母さんに送るエール」として言語化した総体である。

（信州大学　青木一）

●図書紹介●

鈴木瞬著
『子どもの放課後支援の社会学』

学文社，2021年，296頁，6,600円（税込）

　近年，子どもの「教育と福祉」に対する社会的・政治的な関心が高まっている。社会全体の経済的格差の広がりが問題とされる中，「子どもの貧困」がテレビや新聞でも頻繁に取り上げられるようになった。子どもの虐待に関する報道も後を絶たない。一方，認定こども園の創設後も幼保一元化は重要な政策的課題の一つである。最近は与党内から「こども庁」新設という話まで出てきている。「教育と福祉」の議論は，どうしても当該家庭の特殊性が強調されたり，制度的な側面が先行しがちである。このような時代にこそ，子どもたちや制度を担う大人たちの実態を丁寧に調査し，子どもの「教育と福祉」の現場がどのようになっているのかを明らかにする作業が必要なのではないか。

　鈴木瞬著『子どもの放課後支援の社会学』は，放課後子どもプランの「当事者」である指導員らの視点からその実態を明らかにしている。実証的な調査を積み重ねようとする，研究者としての真摯な姿勢が本書全体から伝わってくる。調査の対象や方法は多岐にわたるが，調査に関わる各章を概観しよう。第3章では月刊誌『日本の学童ほいく』の内容分析を通じて〈学童保育〉の意味の多元性を描き出す。第4章では全国の市区町村への質問紙調査の結果から放課後子どもプラン実施の全体的な傾向を分析した上で，第5章では特に「指向性」に関わる項目に絞って多変量解析などを用いた分析を行っている。第6章では先駆的な自治体の4施設でヒアリングやフィールドワークなどの事例調査を実施し，第7章ではその5年後に同じ自治体において観察や資料収集，ヒアリングを行っている。第8章では放課後子ども総合プランの「外部」である学校の管理職等への質問紙調査の結果から，本来は「学校教育ではない」放課後子供教室が「学校化」していく矛盾を指摘して

いる。

　本書に通底する問題意識として「教育と福祉の〈越境〉」という概念がある。著者によれば，これまで教育と福祉の関係は「融合」「ボーダーレス化」という言葉で表現されることが多かった。それに対し，本書では子どもの放課後支援を「クロスボーダー領域」すなわち「教育と福祉の〈越境〉」の営みと捉える。つまり，教育と福祉の間の境界が「曖昧」だとか「無い」と考えるのではなく，両者の「境界を越える」作業が子どもの放課後支援施策の実践であり，そのマネジメントが必要だというのである。子どもの放課後支援の分析には「教育と福祉の〈越境〉」の視点が欠かせないという発見が，本書の最も興味深い点である。

　なお，本書は著者が筑波大学に提出した博士論文がもとになっている。終章で著者自身も課題を整理しているが，最後に無いものねだりを承知で，調査の対象・方法について要望を述べたい。もう一方の「当事者」である子どもに対する調査が無かったのが残念であった。小学生が対象であることを考えると調査実施が困難な状況は容易に想像できる。しかし，直接のインタビュー調査は無理でも，質問紙調査や参与観察などによって，もう一方の当事者である子ども自身の視点から「子どもの放課後」を照射してほしかった。子どもに対しての調査が難しいなら，せめて保護者の声が拾えれば「教育と福祉の〈越境〉」のもう一つの重要な現場である「家庭」を含めた総合的な分析ができるのではないか。いずれにしろ，本書は「子どもの放課後」を実証的に論じており，研究と実践の両面で参考になることが多い。10年以上にわたる調査研究にもとづく労作でありながら，アクション・リサーチなど今後の「研究と実践の〈越境〉」の可能性さえ期待してしまう意欲作である。

（金沢学院大学　小西尚之）

●図書紹介●

多田孝志・米澤利明（編著）

『新時代の教職入門

―共創型対話学習で次世代の教師はこうして養成する！』

北國新聞社出版局，2020年，296頁，1,980円（税込）

　本書には，著者の皆さんの教師教育への期待が込められている。編者の多田孝志会員は，『対話型授業の理論と実践』など，「対話」をテーマに数々の論考を世に送り出している。本書では，「共創型対話」を中核に据えて，教師教育のあり方に切り込もうとしている。

　現在，我が国の新しい学習指導要領では，何ができるようになるのか（資質・能力）ということへの重点化が注目を集めているが，海外の先進国では，すでに，教育改革の重点は，教育内容から汎用的能力へシフトしてきた。その意味するところは，主に，基礎的リテラシー，認知スキル，社会スキルであった。OECDは，かつてDeSeCo（コンピテンシーの定義と選択）プロジェクトにおいて，キー・コンピテンシーを定義した。キー・コンピテンシーの枠組みとして３つの広域カテゴリーを特定しており，その一つが，「多様な集団で相互作用する力」である。さらに，OECDは，2015年から「Education 2030 プロジェクト」を進めており，このプロジェクトにおいては，私たちの社会を変革し，私たちの未来を作り上げていくための「エージェンシー」という考え方を，中核的な概念として提起しており，それは，自ら考え，主体的に行動して，責任をもって社会変革を実現していく力を意味するとされている。その後，OECDは，この概念を表現し，変革を起こす力のあるコンピテンシーとして「新たな価値を創造する力」「対立やジレンマを克服する力」「責任ある行動をとる力」の三つを特定している。そして，このようなコンピテンシーを確保するための方法として，「OECDラーニング・コンパス2030」は，「見通し・行動・振り返りサイクル（AARサイクル）」の重視性を指摘している。AARサイクルは，「学習者が継続的に自らの思考を改善し，集団のウェルビーイングに向かって意図的に，また責任を

持って行動するための反復的な学習プロセス」とされている。それでは，我が国の学校教育における文脈において，このサイクルはどのように実現されるべきなのであろうか。

　本著の基調となっている「共創型対話学習」は，このプロセスと考え方を共有していると言える。「共創型対話学習」によって，このサイクルを回すことのできる学習者は，教師の指導や指示をそのまま受け入れるのではなく，未知なる環境，未知なる未来において，自ら進むべき道を見いだす力を得ることになる。この力は，仲間，教師，家族，コミュニティの相互作用の中でこそ，より良く育まれるものである。本書は，これらの営みを，教師としての視点から再構成しており，「教師エージェンシー」の内実を探る貴重な手引き書であると言える。本書は，人間学，チーム，SSW，芸術など多様な視点から，「教師として求められるエージェンシーとは何か」についての示唆を与えている。

　優れた教師は，自らの学習論，授業論，教師論を探究すると言われる。主体的，対話的で深い学びとは何か，それを実現できる授業とは，そのために教師はどのような存在であるべきかという視点から，本書を読まれることを薦めたい。

（東京学芸大学　佐々木幸寿）

●図書紹介●

石森広美著

『「生きる力」を育むグローバル教育の実践
―生徒の心に響く主体的・対話的で深い学び』

明石書店，2019年，338頁，2,200円（税込）

　本書は，高校におけるグローバル教育の推進のための基本的考え方と具体的な実践方法を解説した啓蒙書である。また，多様な実践事例を紹介し，さらに学習成果としての学習者の成長を記した報告書でもある。

　2022年度から使われる高等学校の教科書が，課題を調べて思考を深める「探究学習」を重視した内容に変わる。9年ぶりに新しくなる学習指導要領に基づくものである。検定結果が公表された高校教科書には「探究学習」のコーナーがちりばめられている。問いを立てて，表現する学びだ。教師主導の「一方通行」と批判されてきた学習方法を変えることも求められることになる。

　探究活動を推進する最大の課題は，教師の実践力である。生徒の主体性を育み，知の世界を探究する喜びを感得させる学びを，具現化できる教師の実践力の向上が，緊要の課題となってきている。

　グローバル教育は，思想と哲学の教育であり，価値と倫理の教育であり，感情と行動と生き方の教育である。総括的に表現すれば，物事を深く探究でき，多様な他者とともに，希望ある未来社会の構築ができる人間形成のための教育である。

　本書には，グローバル教育において，「生徒の心に響く，主体的・対話的で深い学び」を展開し，生徒の生きる力を育むことを希求した教育実践の企画・構想，実践，省察，さらには学習成果の検証が記してある。

　教師たちの豊かな発想・工夫による多様な実践は，生徒たちの興味・関心・学ぶ意欲を喚起し，主体的・創造的に学ぶ探究学習の先駆的な事例となっている。

　本書の特質は次の5点に集約できるであろう。

・授業における対話や協働作業のようすが，紙上復元されており，学びの過程と生徒の反応が臨場感をもって読み取れる。

・著者石森氏は，グローバル教育の理論研究者でもある。石森氏をはじめ，多数の高校教師の理論研究の成果が，実践に援用されている。

・グローバル教育に関心の薄い学校内にこの教育の必要性を浸透させていくための具体的手立てが詳記されている。

・地域のグローバル教育に関心を持つ教師たちが組織化され，相互啓発しつつ，高次な実践を探究している。

・グローバル教育の授業を履修した生徒の，その後の成長・生き方を，生徒自身の文章により紹介している。

　筆者は，1970年代からグローバル時代の教育に関連する，国際理解教育，異文化間教育，環境教育，持続可能な開発のための教育等の研究に関わってきた。

　本著の刊行によりグローバル時代の教育が，黎明期，啓蒙期，拡大期を経て，関連諸学の成果を集大成し，学校現場への浸透期に入ったと思える。本書が提起したさまざまな実践知を活用し，全国各地の学校で，グローバルな視点からの教育が推進されることを期待したい。

（金沢学院大学　多田孝志）

●2020年度（2020.8〜2021.7）の活動記録●

2020年8月1日㈯〜8月8日㈯　第35回理事会開催（メール審議）
　　主要議題：会務報告，決算及び監査報告，2020年度事業計画及び予算案，学会賞について，2021年度研究大会の開催の確認，他
2020年8月11日㈫〜9月30日㈬　2020年度研究大会（ポスター発表）
　　第35回研究大会は，新型コロナウィルス感染症の拡大に伴い1年延期，その代替として，自由研究ポスター発表の実施
　　本学会ホームページ上に公開し，会員の方々からのコメント（8月30日まで）。
　　5つの分科会で21件のポスター発表，発表者に対し延べ30件のコメント。
2020年8月11日㈫〜9月11日㈮　第35回総会
　　学会ホームページにて公示及びメール審議
　　主要議題：決算及び監査報告，2020年度事業計画及び予算案，2021年度研究大会の開催の確認，他
2020年9月18日㈮　会報「JASEニュース」第43号発行
　　主要記事：会長挨拶，2020年度研究大会ポスター発表報告，理事会報告，総会報告，他
2020年9月26日㈯　国際交流委員会オンライン研究会1
　　ミニ・シンポジウム「Covid-19パンデミックと学校教育」
2020年10月11日㈰　総会報告に対する異議申立期間終了 → 総会での承認内容の成立
2020年10月25日㈰　実践研究委員会オンライン公開研究会
　　「ICT 教育を学校現場でどう進めるか」
2020年10月31日㈯　国際交流委員会オンライン研究会2
　　「マレーシアと日本の教育交流」
2020年11月15日㈰　第1回機関誌常任編集委員会開催
　　主要議題：機関誌第36号の編集スケジュールについて
2020年11月29日㈰　第1回常任理事会開催
　　主要議題：会長委嘱理事について，各種委員会の活動計画について，第35回研究大会について，他
2020年12月19日㈯　国際交流委員会オンライン研究会3
　　「SDGsと学校教育」

2020年12月20日㈰　機関誌編集委員会より，「機関誌第36号の編集方針及び投稿論文等の募集について」を会員宛送付（投稿締切：2021年2月28日）

2021年1月23日㈯　研究推進委員会2020年度課題研究（オンライン実施）
「教職大学院におけるミドルリーダー育成の実態と課題−MLの位置と養成ターゲット−」

2021年1月24日㈰　第2回機関誌常任編集委員会開催
主要議題：特集論文，図書紹介，研究余滴の執筆者について

2021年3月7日㈰　第3回機関誌常任編集委員会開催
主要議題：投稿論文の査読者選定

2021年3月21日㈰　第2回常任理事会開催
主要議題：会則他諸規定の見直し及びWGメンバーついて，第35回研究大会について，各種委員会の活動計画及び報告，他

2021年4月11日㈰　第4回機関誌常任編集委員会開催
主要議題：第一次査読結果の検討，第35回研究大会のラウンドテーブルについて

2021年5月7日㈮　大会実行委員会（岩手大学）より「第35回研究大会（オンライン）の案内」を学会ホームページに掲載

2021年5月27日㈭　第3回常任理事会開催
主要議題：第35回研究大会について，会則他諸規定の見直しWG中間報告，各種委員会の活動計画及び報告，他

2021年5月30日㈰　第5回機関誌常任編集委員会開催
主要議題：第二次査読結果の検討

2021年6月3日㈭　第6回機関誌常任編集委員会開催
主要議題：最終判定，ラウンドテーブルの提案内容

2021年7月5日㈪　大会実行委員会より「第35回研究大会プログラム」を学会ホームページに掲載

日本学校教育学会会則

第1章 総 則

第1条 本会は，日本学校教育学会（Japanese Association of School Education
〔略称〕JASE）と称する。

第2条 本会は，学校教育を中心として，広く教育の理論と実践の発達，普及をめ
ざし，会員相互の教育研究及び実践上の成果の連絡及び交流を図ることを目的
とする。

第3条 本会の事務局は，会長が勤務する大学，研究所，又はその他の教育関係機
関に置く。ただし，事情があるときは，会長が勤務する教育関係機関以外の教
育関係機関に事務局を置くことができる。

第2章 事 業

第4条 本会は，第2条の目的を達成するために，次の各号に掲げる事業を行う。
　　　一　会員の研究及び実践の促進を目的とする年次研究大会の開催
　　　二　広範な協力や連絡を必要とする教育上の理論的及び実践的課題について，
　　　　会員の共同研究を目的とする研究委員会の設置
　　　三　機関誌「学校教育研究」その他の出版物の編集及び発行
　　　四　会員名簿の作成
　　　五　内外における教育学及び隣接諸科学の諸団体との連絡提携
　　　六　その他本会の目的を達成するために必要な事業

第3章 会 員

第5条 本会の会員は，本会の目的に賛同し，教育の理論的及び実践的研究に関心
を有する者で，会員の推薦（1名）を受けて入会を申し込んだ者とする。

　2　官庁，学校，図書館，学会その他の団体が本会の目的に賛同し，会員の紹介
（1名）を受けて入会したときは，本会の編集，発行する出版物の配布を受け
ることができる。

第6条 会員は，本会が営む事業に参加することができ，また，本会の編集，発行
する出版物につき優先的に配布を受けることができる。

第7条　会員は，会費を毎年度所定の期日までに納入しなければならない。

　2　会費は，第5条第1項の会員（個人会員）にあっては年額7000円，同条第2項の会員（機関会員）にあっては年額8000円とする。

第8条　会員は，必要ある場合には，申し出により退会することができる。

　2　会員が，次の各号の一に該当する場合においては，会員資格を失うことがある。

　　一　本会の目的に著しく反する活動をし，又は本会の事業を故意に妨害した場合

　　二　会員の地位を濫用し，本会の名誉を毀損し，本会の信用を著しく傷つけた場合

　3　前条第2項の会費の未納期間が3年度を超えた場合には，当該未納会員は本会を退会したものとみなす。

第4章　組織及び運営

第9条　本会の事業を運営するために，次の役員を置く。

　　一　会　長　1名

　　二　理　事　20名（うち常任理事若干名）

　　三　監　査　2名

　　四　事務局幹事　若干名

第10条　会長は，理事の互選とする。

　2　会長は，本会を代表し，会務を総理する。

第11条　理事及び常任理事は，別に定めるところにより選出する。

　2　常任理事は，会長に事故があるときは，そのうちの一人が会務を代理し，会長が欠けたときは，その会務を行う。

　3　第9条第2項とは別に，必要に応じて若干名の理事を追加することができる。

　4　前項の理事は会員の中から理事会の議を経て委嘱するものとする。

第12条　本会に名誉会員を置くことができる。名誉会員は，理事会が推薦し総会の承認を得るものとする。

第13条　監査は会員の中から会長が推薦し，理事会の承認を得て委嘱する。

　2　監査は，本会の会計を監査する。

第14条　事務局幹事は，会員の中から会長が推薦し，理事会の承認を得て委嘱する。

　2　事務局幹事は，本会の事業に関する諸事務を処理する。

第15条　本会の会議は，総会，理事会，常任理事会とする。

第16条　総会は，本会の最高決議機関であり，本会の事業及び運営に関する重要事項を審議決定する。

2　総会は，定例総会及び臨時総会とし，会長がこれを招集する。

3　会員総数の3分の1以上の署名により請求がある場合は，会長は速やかに総会を招集しなければならない。

4　総会の運営については，別に定めるところによる。

第17条　理事会は，会長がこれを招集し，本会の行う事業の企画立案及び予算案の作成を行う。

2　理事の過半数による請求がある場合には，会長は速やかに理事会を招集しなければならない。

第18条　常任理事会は，会長がこれを招集し，総会の決定に従い，常時執行の任にあたるものとする。

2　常任理事の過半数による請求がある場合は，会長は速やかに常任理事会を招集しなければならない。

第5章　会　計

第19条　本会の経費は，会費，寄付金及びその他の収入によって支弁する。

第20条　本会の会計年度は，毎年8月1日に始まり，翌年7月31日に終わる。

2　決算の承認は，総会においてこれを行うものとする。

第6章　機関誌編集

第21条　機関誌編集，発行は，原則として年2回とする。ただし，編集委員会において特に必要と認められた場合は，この限りではない。

2　編集委員会は，理事をもってこれに充てる。

3　前項の他，理事会の推薦により若干名の編集委員を置くことができる。

4　機関誌の編集，発行の手続きについては，別に定めるところによる。

第7章　改　正

第22条　この会則の改正は，総会における実出席会員の3分の2以上の賛成を必要とする。

第8章　雑　則

第23条　本会の事業及び運営のために必要がある場合には，適当な細則が定められ

なければならない。

附　則

1　この会則は，昭和60年9月15日から，これを施行する。

2　削除

3　第9条の役員の選出については，第1回目の選出に限り，会則第10条，第11条，第13条及び第14条の規定にかかわらず，本会創設準備会により本会発会式において承認を得るものとする。

4　第9条第2号の役員の員数については，第1回目の選出に限り，同条同号の規定によらないことができる。

5　第21条第1項の規定にかかわらず，機関誌の発行は，当分の間，毎年1回とする。

6　会則第7条第2項は昭和64年8月1日から，これを施行する。

7　会則第3条は平成2年11月1日から，これを施行する。

8　会則第7条第2項は平成10年8月1日から，これを施行する。

9　会則第21条第3項及び第4項は平成13年8月1日から，これを施行する。

10　会則第11条第3項及び第4項は平成16年10月12日から，これを施行する。

11　会則第12条は平成25年11月1日から，これを施行する。

日本学校教育学会役員一覧（2019年8月－2022年7月）

1. 会　長　　安藤　知子　　　　　(上越教育大学)
2. 理　事〔○印―常任理事〕
　　　　　　　青木　　一　　　　（信州大学）
　　　　　　　安藤　雅之　　　　（常葉大学）
　　　　　　　牛渡　　淳　　　　（仙台白百合女子大学）
　　　　　○金井　香里　　　　（武蔵大学）
　　　　　　　釜田　　聡　　　　（上越教育大学）
　　　　　　　黒田　友紀　　　　（日本大学）
　　　　　　　黒羽　正見　　　　（白鴎大学）
　　　　　○佐々木幸寿　　　　（東京学芸大学）
　　　　　　　佐藤　　真　　　　（関西学院大学）
　　　　　　　菅原　　至　　　　（上越教育大学）
　　　　　　　鈴木久米男　　　　（岩手大学）
　　　　　　　瀬戸　　健　　　　（富山国際大学）
　　　　　○多田　孝志　　　　（金沢学院大学）
　　　　　　　中川　智之　　　　（川崎医療福祉大学）
　　　　　○中山　博夫　　　　（目白大学）
　　　　　　　藤田　武志　　　　（日本女子大学）
　　　　　　　林　　泰成　　　　（上越教育大学）
　　　　　○原田　信之　　　　（名古屋市立大学）
　　　　　　　堀井　啓幸　　　　（常葉大学）
　　　　　　　松井千鶴子　　　　（上越教育大学）
　　　　　　　矢嶋　昭雄　　　　（東京学芸大学）
　　　　　○山﨑　保寿　　　　（松本大学）
　　　　　　　林　　明煌　　　　（台湾・国立嘉義大学）
　　　　　　　若井　彌一　　　　（京都大学特任教授）
3. 機関誌編集委員（別掲）
4. 監　査　　茂木　輝之　　　（学校法人軽井沢風越学園）
　　　　　　　中村　映子　　　（筑波大学・大学院生）
5. 事務局
　　事務局長　　蜂須賀洋一　　　（上越教育大学）
　　事務局幹事　清水　雅之　　　（上越教育大学）
　　事務局幹事　湯澤　　卓　　　（上越市立春日小学校）

日本学校教育学会賞規程

第1条　この規程は，日本学校教育学会会員の研究を奨励し，本学会全体の学問的発展に資するための賞について定める。

第2条　会員が著した著書・論文の内，その研究業績が著しく優秀である会員に対し，年次研究大会の総会において『日本学校教育学会賞』または『日本学校教育学会研究奨励賞』を授与する。また，賞の内容は賞状と副賞とする。

第3条　授賞対象の著書・論文は，本学会の年次研究大会開催時から遡って過去2年以内に発表されたもので，次の条件を満たすものとする。

　(2)『日本学校教育学会賞』は，原則として単一の著者による学校教育に関する単行本であること。

　(3)『日本学校教育学会研究奨励賞』は，本学会機関誌『学校教育研究』に発表された論文であること。

第4条　授賞対象の著書・論文の推薦・審査・可否の決定については，次の手続きを経るものとする。

　(2)会員は，授賞対象の著書・論文を本学会理事（1名）に推薦することができる。この場合，いわゆる自薦も可とする。

　(3)理事は，著書・論文本体と推薦状，執筆者の履歴書及び主要研究業績一覧を各4部添えて，理事会に推薦するものとする。また，理事は，会員から推薦のなかった著書・論文についても理事会に推薦することができる。

　(4)理事会は，予め学会賞担当理事3名を選任することとし，学会賞担当理事は授賞対象著書・論文の選考事務に従事する。

　(5)学会賞担当理事は，理事から推薦された著書・論文の各々について，3名の審査委員を選定し，審査委員会を設置する。審査委員は，会員であることを要し，その内1名を主査とする。主査は理事をもって充てる。

　(6)審査委員会は，審査の結果を文書で理事会に報告するものとする。

　(7)理事会は，審査委員会の報告内容につき審議し，授賞の可否を決定する。

附　則　この規程は，平成11年8月1日より施行する。

日本学校教育学会機関誌編集規程

第1条　この規程は，日本学校教育学会会則（以下，「会則」という。）第21条第4項に基づき，日本学校教育学会機関誌（以下，「機関誌」という。）の編集，発行の手続き等について定める。

第2条　機関誌は，原則として年2回発行とする。「学校教育研究」及び「日本学校教育学会年報」とする。ただし，「日本学校教育学会年報」については，発行しないことができる。

第3条　「学校教育研究」には，特集論文，自由研究論文，実践的研究論文，実践研究ノート，図書紹介などのほか，会員の研究活動および本学会の動向等に関連する記事を掲載する。「日本学校教育学会年報」には，本学会が企画した研究活動に基づいた投稿論文等を掲載する。

第4条　機関誌の編集のために，編集委員会を置く。

(2)　編集委員は，理事をもってこれに充てる。

(3)　理事会の推薦により若干名の編集委員を置くことができる。

(4)　編集委員の互選により，編集委員長及び常任編集委員を置く。

(5)　編集委員長の指名により常任編集委員に副編集委員長を置くことができる。

第5条　編集事務を担当するために，編集幹事（若干名）を置く。

(2)　編集幹事は，編集委員長が委嘱する。

第6条　機関誌に論文等の掲載を希望する会員は，機関誌編集委員会幹事宛に送付するものとする。

(2)　機関誌に投稿できる者は，本学会の会員資格を有するものとする。

(3)　原稿（特集論文，自由研究論文，実践的研究論文，実践研究ノート，年報投稿論文）の掲載は，編集委員会の審議を経て決定する。

(4)　投稿された論文等の審査については，編集委員会は，必要があると認めるときは，編集委員以外の会員に審査を依頼することができる。

第7条　採択された論文等の形式，内容について，編集委員会において軽微な変更を加えることがある。ただし，内容に関して重要な変更を加える場合は，執筆者との協議を経るものとする。

第8条　論文等の印刷に関して，図版等で特に費用を要する場合，その費用の一部を執筆者の負担とすることがある。

⑵　抜刷に関する費用は，執筆者の負担とする。

附則　1　この規程は，1986年8月1日から施行する。

　　　2　第6条第2項は2001年11月1日から施行する。

　　　3　この規程の改正は，2015年7月19日から施行する。

　　　4　この規程の改正は，2018年8月5日から施行する。

　　　5　この規程の改正は，2020年8月5日から施行する。

日本学校教育学会機関誌『学校教育研究』投稿要項

1．論文原稿は未発表のものに限る。ただし，口頭発表及びその配布資料はこの限りではない。なお，同一著者による複数論文の同時投稿は認めない。

2．本誌の投稿種別，およびその原稿枚数はA4判1枚を40字×30行として，下記の通りとする（図表・注・引用文献を含む）。ただし，編集委員会が特に指定したものについては，この限りではない。

  ⑴　自由研究論文　　10枚以内

  ⑵　実践的研究論文　10枚以内

  ⑶　実践研究ノート　10枚以内

3．原稿は横書きを原則とし，完成原稿とする。

4．原稿には氏名や所属を一切記載しない。また，「拙稿」や「拙著」など，投稿者名が判明するような表現も避ける。

5．原稿の1枚目には論文題目および英文題目のみを記入し，2枚目以降に本文をまとめる。なお，本文には論文題目や氏名，所属などは書かない。

6．原稿には，キーワード（5語以内：日本語及び英文）を論文の本文末に書く。

7．原稿とは別に，次の事項に関する投稿申込書を作成する。

 ①氏名，②所属，③投稿区分（自由研究論文，実践的研究論文，実践研究ノートのいずれか），④論文題目，⑤英文題目，⑥現住所，⑦電話番号，⑧電子メールアドレス，⑨その他電子公開に必要な事項（この事項に関しては別途通知する）

8．投稿に際し，①投稿申込書，②プリントアウト原稿（4部），③電子媒体（原稿及び投稿申込書の電子データを保存したCD，USBメモリー等。投稿者名を明記），④「投稿に際してのチェックリスト」の4点を送付する。なお，送付物は原則として返却しない。

9．論文等の投稿については，2月末日（消印有効とする）までに原稿を提出する。原稿送付先は，機関誌『学校教育研究』編集委員会宛とする。なお，投稿は郵送のみとする。

10．執筆者による校正は原則として1回とする。執筆者は校正時に加筆・修正をしないことを原則とする。

11．注および引用文献は，次のいずれかの方法を用いて，論文末に一括して掲げる。

 方式①：注と引用文献はともに注記として示す。注記は，文中の該当部に（1），

（2）…と表記し，論文末に一括して記載する。なお，文献の記載方法は次の様式を準用する。

［論文の場合］著者，論文名，雑誌名，巻号，年，頁。

［単行本の場合］著者，書名，発行所，年，頁。

方式②：注記は，文中の該当部に（1），（2）…と表記し，論文末に一括して記載する。また，引用文献は，文中に「…である（有田 1995, 15頁）。ところが，新井（2003, 25頁）によれば，…」などのように示し，アルファベット順に並べた引用文献のリストを，注の後ろにまとめて記載する。なお，引用文献の記載方法は次の様式を準用する。

［論文の場合］著者，年，論文名，雑誌名，巻号，頁。

［単行本の場合］著者，年，書名，発行所，頁。

附則：この要項は，平成21年11月1日から施行する。

この要項の改正は，平成23年12月20日から施行する。

この要項の改正は，平成27年7月19日から施行する。

この要項の改正は，平成29年6月19日から施行する。

この要項の改正は，平成30年12月17日から施行する。

投稿に際してのチェックリスト

投稿に際して,「日本学校教育学会機関誌編集規程」及び「日本学校教育学会機関誌『学校教育研究』投稿要項」を再度熟読いただき,下記の事項を確認・チェックの上,原稿とともに提出して下さい。下記以外にも,規定を満たさない原稿については,受理できない場合もありますので,十分にご注意ください。

【論文題目】

Ⅰ　投稿資格及び論文書式について

☐1執筆者全員が本学会の会員資格を有している。

☐2図表・注・引用文献を含めて,A4判1枚を40字×30行として,10枚以内におさめている。

（注や参考文献一覧についても40字×30行のページ設定を変えないで下さい。キーワードは分量に含みますが,表紙は分量に含みません。）

☐3キーワードは日本語及び英文の両方が表記されている。

☐4表紙・本文に執筆者名を記載したり,参考文献一覧等に「拙稿」「拙著」等を記載したりするなど,投稿者が判明するようにはなっていない。

☐5原稿とは別に,投稿区分等を記載した用紙を同封している。

Ⅱ　研究倫理について

☐1調査等をする前に,研究対象者などから同意（インフォームド・コンセント）を得ている。

☐2上記に関する事項について,原稿中に明記し,研究対象者のプライバシー等への配慮を十分に行っている。

☐3投稿する原稿は,投稿者のオリジナルなものであり,他誌への二重投稿や剽窃・盗用はしていない。

☐4投稿原稿と先行研究との関係について十分に説明するとともに,既刊の論文等の引用に際しては,出典を明記している。

以上の通り,相違ありません。

年　　　　月　　　　日

投稿者署名　＿＿＿＿＿＿＿＿＿＿

●入会のご案内●

　日本学校教育学会は，昭和60年９月15日，学校教育に関する実践と理論の緊密化さらには両者の統合をめざす小・中・高等学校，盲・聾・養護学校（現在の特別支援学校）等の教師，教育センター，教育研究所の研究員，教育委員会の指導主事，大学の研究者等によって，盛大な発会式の下に創立されました。学校教育の実践と理論の統合という，一見ごく平易にして当然な課題は，実際には，きわめて困難な課題として，その解決の方向が本格的に検討されることなく今日に至っているように思われます。学校教育の内容及び組織が一段と高度化，複雑化するに及んで，学校教育の実践を理論的に検証し，また一方では，学校教育に関する理論の実践上の有効性と限界を検証し，新たな実践上及び理論上の地平をきり拓いていくことが，ますます重要な課題となってきております。このような時期に，本学会が設立されたことの意義をあらためて確認し，一人でも多くの，心ある教育関係者が入会されることを学会員一同，衷心より切望しております。

　入会手続きは，次の通りです。

(1)　会員の推薦を得て申し込む場合

　知人に本学会の会員がおられる場合には，その会員の推薦（１名）を得て，申込用紙（次頁）に所定の事項を記入の上，事務局宛にご郵送ください。また，同時に下記の口座宛に会費をお振込ください。

(2)　知人に会員がいらっしゃらない場合

　この場合は，お手数でも，直接，郵送または電子メールにて，住所，氏名，所属（勤務先）を記入し，入会の意思があることを学会事務局までお知らせください。折返し，事務局より入会申込みの諾否の返事を致しますので，その後に，入会申込みを行ってください（推薦人の記入は不要です。事務局が推薦人となります）。

　入会申込みは随時受けております。お問い合せは，学会事務局まで。

―― 日本学校教育学会事務局 ――

所在地	〒943-8512　新潟県上越市山屋敷町１番地
	上越教育大学内
電話番号	025－521－3360　（蜂須賀研究室直通）
E－mail	jase@juen.ac.jp
郵便振替口座番号	00130－6－292778
加入者名	日本学校教育学会
学会ホームページ	http://www.jase.gr.jp/

日本学校教育学会 入会申込書

日本学校教育学会の趣旨に賛同し，[　　　　　]年度から会員となることを希望します。
　　※学会年度は，会則に定める，毎年8月1日から翌年7月31日の期間です。
　　　たとえば，2021年度は，2021年8月1日から2022年7月31日までとなります。

【申込者】				
ふりがな				
氏　名				
連絡先住所等	〒		◀半角数字でハイフンを入れてください。例)123-4567	
	電話			
	E-mail			
所属・勤務先等	所属・勤務先		職名等	
	所在地			
研究関心分野				

【推薦者】※推薦者がいない場合は，事前に事務局 (jase@juen.ac.jp) までご連絡ください。	
ふりがな	
氏　名	
所属・勤務先	

日本学校教育学会事務局
　　所在地：〒943-8512　　新潟県上越市山屋敷町１番地
　　　　　　上越教育大学 内

　　　　　　Tel：025-521-3360　　（蜂須賀研究室直通）
　　　　　　E-mail：jase@juen.ac.jp

年会費：7,000円　　　　郵便振替口座：00130－6－292778

Bulletin of the Japanese Association of School Education
Vol.36, 2021
Contents

Shinji KOSUGI　　　　Effects of Personnel Changes on Teacher's Growth and Development: Focusing on Changes in Their Roles and Positions in the School

Section 3
Teppei KANBAYASHI

A Pedagogical Significance of Lesson Practice about Meaning of Silence for Elementary School Children: Reference to Ihde's Phenomenological Listening

Section 4
Kyohei MATSUSHITA

A Study on Creating Moral Classes to Realize "Deep Learning"

Akemi KAMADA　　　Research of the Educational Effect of the Reading Picture Books to One Another in the Junior High School: Mainly on the Analysis of the Qualitative Change of "the Attentive Hearing"

■編集後記■

　今年度も関係者各位のご尽力・ご協力を賜りまして，こうして『学校教育研究』第36号を無事刊行できました。心より御礼申し上げます。

　今年度は，COVID-19への対応で，常任編集委員会をすべてオンラインで開催いたしました。それに伴い，編集業務の電子化の観点から，本年度は主に次の2点を変更いたしました。第一に，常任編集委員会のメールアドレス（jase.edit@gmail.com）を作成いたしました。執筆者や査読者とのご連絡につきましては，上記メールアドレスを窓口として行わせていただきました。第二に，投稿論文の提出方法につきまして，従来は郵送のみでしたが，今年度より郵送と電子メールの両方へと変更いたしました。これらの変更により，オンライン会議への対応だけでなく，編集業務の円滑化をすすめることができたように思います。会員の皆様にはお手数をおかけしましたが，ご理解・ご協力を賜り誠にありがとうございました。

　他方，郵送等による紙媒体でのやりとりを廃止したわけではなく，選択肢として残すことで会員の皆様のニーズに応えられるよう配慮してきたつもりでございます。これらの点につきましては，今後さらに検討を進めてまいります。ぜひ皆様の忌憚のないご意見を頂戴できればと存じます。

　さて，本号には，自由研究論文17編，実践的研究論文8編，実践研究ノート5編の投稿がございました。厳正な審査を経て，自由研究論文3編，実践的研究論文1編，実践研究ノート2編（うち実践的研究論文からの区分変更1編）の掲載という結果に至りました。査読にご協力くださいました会員の皆様に，心より感謝申し上げます。常任編集委員会では，投稿要項に誤解を招く点が無いかなど，今後に向けた議論をすでに進めているところです。

　最後になりましたが，教育開発研究所編集部・尾方篤様には，温かなご配慮・ご支援をいただきました。この場を借りて，厚く御礼申し上げます。　　　　　（編集幹事・木下豪）

学校教育研究　第36号

■2021年10月11日　発行
■編集者　　日本学校教育学会機関誌編集委員会
■発行者　　日本学校教育学会
■発売元　　㈱教育開発研究所

日本学校教育学会事務局	教育開発研究所
〒943-8512　新潟県上越市山屋敷町1番地	〒113-0033　東京都文京区本郷2-15-13
上越教育大学内	TEL　03-3815-7041代
TEL 025-521-3360（蜂須賀研究室直通）	FAX　03-3816-2488

ISSN　0913-9427

ISBN978-4-86560-547-1　C3037